面對這世界的惡意，我也會活得毫不客氣！

我是娘娘腔，也是自己親封的皇后娘娘；
只要敢想像，我可以是任何模樣。

泰辣
Tyla

知道嗎 我總是惦記 十五歲不快樂的你
我多想 把哭泣的你 摟進我懷裡
不確定 自己的形狀 動不動就和世界碰撞
那些傷 我終於為你 都一一撫平

我們要相信自己 永遠都相信
來到這個世界不是沒有意義
我們做過的事情 都會留在人心裡 會被回憶而珍惜

——劉若英，〈繼續一給 15 歲的自己〉

通常寫在這裡的都是引經據典或獻給誰，但我第一個想起的卻是這首歌，回首這三十餘年的人生，可以笑著跟十五歲的自己說：「我把你的那些委屈與傷口都撫平囉～」，這感覺真好！

這本書就送給每個曾受到這世界惡意對待的人，不管你是誰，永遠不需要為你與生俱來的模樣道歉，儘管這世界的惡意不會停止，但你可以活得毫不客氣。

〈推薦序〉

最美的盛開就是反擊

◎「到處都是瘋女人」經營者　Apple

「這是一本愛講道理的人出的書。」

如果要我用一句話來形容你現在翻開的這部作品，我大概會這麼說。

認識泰辣已經超過十年了，從大學開始一直到出社會，每次見面都能聊上個幾小時。談論的內容包羅萬象，從抱怨工作到人生哲學，對自己、對社會，一邊充滿著對現實的無奈，卻也懷抱對未來無數個憧憬。

因為人生太多未知，所以泰辣的生命經驗何其豐富。不管是讀書時期還是進入職場，他都用一百分的力氣在面對這個世界，以至於永遠都可以從他口中聽到精采的故事。「這些故事和經歷多到可以寫成一本書了！」這麼多年來，我們都時常拿這句話來開玩笑，沒想到現在終於實現了。

因為知道泰辣的性格大鳴大放，所以當初決定要拍影片的時候，第一個就想到了他。

那是一個我剛做完正顎手術不到一個月的日子，布丁和泰辣期待地與我見了面，想看看手術後的成果。我們一如往常地聊著對工作和未來的規畫，泰辣說他決定離職回到台中創業，為自己拚搏一回。而我提出了想拍 YouTube 影片的想法，用自己的能力拍喜歡的作品。

二〇一五年的夏天，二十五歲的我們還在想像五年後是什麼樣的光景。而好幾年過去，現在的我們，又要用什麼形容詞來形容自己呢？

我想我們都會慶幸，自己在對的時間點，做了對的決定，然後感謝過去的自己這麼努力。

如今的泰辣終於實現了自己的夢想，創業、結婚，過自己想過的日子，成為自己想成為的人。

從小因為性向被歧視、性格被厭惡，經歷了痛苦的童年，還在大學時被迫出櫃。如今成為了網紅，還要遭受各種各樣的酸民留言攻擊，這個世界似乎不曾善待他，而他卻始終誠實地面對自己。

「最美的盛開就是反擊。」這是已過而立之年的泰辣，人生最美的註解，也是所有看完這本書的人，都能夠獲得滿滿乾貨的原因。

你的人生也許會經歷挫折、會遭受痛苦，甚至會被孤立、不被諒解；但也會有大放異彩、活得快樂，甚至找到懂得你的人。過去那些鄙視、厭惡、冷嘲熱諷、酸言酸語，都將成為你的助力，幫助你成為一個更好的人。

而什麼是更好的人呢？那就是明白一個道理：這世界偶有惡意，惡意無法改變，但你可以！唯有你成為一個更好的人，才能大聲地告訴他們：「我很幸福，希望你也是。」然後頭也不回地離去。

這是泰辣的人生哲學，他將用滿滿的道理來告訴你。

〔推薦序〕

致閃閃發光的你

◎「到處都是瘋女人」班底　G蛋布丁

第一次見到泰辣，我就覺得他是一位閃閃發光的人！

對著第一次見面的大學室友們侃侃而談，即便他只是在推薦某牌洗衣粉，但舉手投足間充滿的自信，我永遠無法忘懷！

以前常跟泰辣說，很羨慕他的吵架功力，反應極快又字字珠璣！如果有吵架王比賽，他絕對奪冠！相較之下，當我需要爭辯，最後都只會在睡前，才能迸出完整又有邏輯的內容！當時的我還不知道，原來這一切是他走過漫長崎嶇道路，所練就的技能與武裝。

大學四年相處，我逐漸了解泰辣的各個面向。在那個小小房間裡，泰辣跟我分享過很多怨懟與心碎，以及他是如何一一克服走到這邊！對於平常生活完全不戲劇化的我而言，無法想像他需要有多大的勇氣，才能度過每一天！我多麼慶幸，他可以坐在我旁邊，把這一切輕描淡寫地道出；多麼慶幸，那些戲劇性事件最終都轉化成一個個發光體，讓泰辣成為一位閃閃發光的人。更重要的是，這些光芒並不刺眼，甚至讓我們接收與投射，使我們也可以發出一點光！

我時不時會想起《某種名模生死鬥》，那是泰辣在大學四年不間斷籌備的致敬節目，如果不是因為《某模》，我的大學生活一點也不多采多姿！就如同一直到現在，如果不是因為他在生活乃至感情上各種鼓舞與陪伴，可能我也不會過得這麼開心吧！關於泰辣在書中寫的每個故事，我都聽過好幾遍了，但我還是在好多地方大笑，覺得到底誰的人生會這麼的荒謬？又在某些地方默默流淚，覺得到底誰的人生會這麼……慘！但所有事都過去了，全部變成文字呈現在這裡！突然覺得，我們可以好好喜歡自己現在的樣子，真的是太好了！

在泰辣跟皇上的婚禮我曾說：「謝謝你這十年來，成為最好的你，所以我才可以成為最好的我！」如今他經歷的一切，更能在很多人因為種種原因被陰暗籠罩時，成為陪伴他們繼續前行的琥珀色燈泡！那是泰辣發出的溫暖訊號在跟你說：「當世界以痛吻我，哈囉?世界請滾開！」

〈推薦序〉

原來這是你走過的路……

◎知名YouTuber ＆主持人　關韶文

「他是一顆最閃亮的星星！」

「我要去跟泰辣學長拍片了！」、「《某種名模生死鬥》在學校很紅啊！你不知道嗎？」、「對啊！我跟泰辣學長一組！」在世新學弟妹中，我們總是口耳相傳著「泰辣學長」，只要能跟著他學習拍片技巧的人，就能夠在校園裡走路有風，更是一樣非常能拿來說嘴的履歷。

「泰辣」在我眼中就像是學校裡面的傳奇人物，即便當年我們沒有太多私交，但總有許多場合會遇到，我永遠不好意思開口說：「學長你好，我是關韶文。」在我們學弟妹的眼裡，泰辣就像是高掛在夜空中的星，永遠眼神裡閃爍著夢想，閃閃發光的樣子、看似光鮮亮麗的背後，正暗藏了許多礁石。

「我們不是他，並不曉得他經歷過了什麼。」在頻道裡，永遠給人滿滿能量的泰辣，教會我們如何面對惡勢力、如何轉念看待酸民留言、如何接受過去自己的不夠好，我們很難想像，到底要經歷過怎樣的苦難，才能成為今日的泰辣。

每一次的合作中，我們總是驚嘆彼此「原來你也是這樣走過來的……」因為家境不夠好，我們學會節儉；因為夢想太大，我們比誰都努力；因為和別人不同，於是更認識了自己的美。

「我們都一樣，我們也都不一樣。」每一個人在成長過程中，多少會背負著家人的期待，差一點活成了別人想要的樣子，透過不斷摸索自己、找尋自己，才能走出自己的路，成為自媒體工作者。

我們常私下開玩笑說：「泰辣就是結婚型 YouTuber！」這是一件多麼不容易的事呀！面對自己的家庭、面對自己的性向、面對自己的夢想、面對自己的興趣，他完成了一個童話故事般的幸福婚禮，也成了真正的「築夢」大師。

看著泰辣的 YouTube 影片、聽著《瘋女人聊天室》Podcast 節目，我一點一滴試圖拼湊他過去的童年，曾經想要結束生命、曾經被同學霸凌、曾經被家人欺負，每一次聽到片段的故事，比起難過，我更多的是讚嘆，「到底怎麼走過來的！」、「你也太酷了吧！」

在這本書裡，這塊拼圖拼完了，我的淚也流下來了，我得到一個很深刻的領悟，「我們不用去感謝欺負過我們的人，只要提醒自己，長大以後，不要變成那些討人厭的大人，努力走自己的路，勇敢發自己的光！」

不管你從哪裡認識泰辣，在這裡，你會看見一個很完整的他，毫無保留。

活出自我

娘娘腔又怎樣？！

人際之間

一個人的善良是有限的

因為愛情
在閃閃發亮的日常細節裡

夢想途中

沒有一次努力是徒勞無功

活出自我

娘娘腔又怎樣?!

本宮是自己親封的皇后

不管是陽剛還是柔美的樣子，
我都喜歡，因為這世界上最珍貴的愛，
是自己完全認同自己，發自內心珍惜自己的愛！

經常關注我的人應該不陌生，我常常以「本宮」自稱，偶爾也會做清宮娘娘打扮拍影片，因為這樣，很多人都會稱呼我為皇后娘娘！

這大概可以追溯到陸劇《甄嬛傳》在華人世界掀起清宮熱潮那時，我和朋友們也開始一口一個本宮、臣妾地說著「甄嬛體」，當時甚至把自己P成娘娘的樣子，還印出來貼在自己的板夾上。

記得某次在上海公司辦活動的時候，不小心弄丟了板夾，只好硬著頭皮請同事幫我找一個「印有我皇后娘娘模樣，寫著美豔動人泰辣皇貴妃」的板夾，結果那位熱心同事滿公司地問有沒有看到「美豔動人泰辣皇貴妃」……從此公司裡的年輕同事都叫我娘娘，而我居然也欣然接受（仔細想想，我真的是個瘋子耶！）。

從小到大最常被人罵的就是「娘娘腔」，而現在我總會笑著跟那些叫我娘娘腔的人說：「本宮是金尊玉貴的皇后娘娘，說的話自然是娘娘腔！」我也很常用這個觀念安慰我的朋友，娘娘不是隨便誰都能當的，唯有一宮的主位才配稱娘娘。所以那些喜歡罵別人娘娘腔的人，先回頭掂量自己有幾兩重吧！憑你也配提娘娘這兩個字！所以娘娘這個身分，不只是我對清宮劇的喜愛，更重要的是，我能在這個身分裡找到自我的認同！也釋放了從前對「娘娘腔」這個稱號充滿陰影的自己。

既然做為皇后娘娘，想必要穿上皇后大婚的朝服，拍一組專屬於我的清宮婚紗照！所以我飛去拍攝《如懿傳》的明清宮苑，完成了這個夢想。當我終於穿上朝服的時候，一層一層地戴上朝珠、領披、領約，我心裡有種踏實的感覺，有別於穿上白紗那種「美夢成真」的電影感與不真實感，我更像是在迎接一個盼望已久的儀式。

穿著朝服，一步一步走上太和殿的階梯，真的有種終於行冊封禮的感覺。我站在殿前，俯瞰著底下，回憶起小時候披著棉被裝扮成公主，結果被長輩狠狠打了一頓的自己；想起演英文話劇得到第一名，卻還是被同學嘲笑的自己；想起那些討厭我的人，還有酸民們的嘴臉，而這些都成了腳下的泥，滋養了現在這樣如牡丹般盛放的自己！

年紀漸長，我多多少少理解了清宮劇裡那些最後成為惡人的角色心境，像是衛嬿婉和安陵容這樣出身低賤，在宮裡不斷被人踐踏的人，因為不公的制度與環境，讓她們只能尋求黑暗，使自己強大，可惜她們最終都選擇了「惡」；即便現代社會少了很多舊時代的不公，要突破階級往上爬也變得更有可能，但這仍是個不平等的世界。有些人生下來就符合社會期待，有些人天生就長著一張好臉蛋；可有些人卻是在錯誤的環境成長，有些靈魂可能是在錯誤的身體生長；所以，在他們成長的過程中，不僅要對抗自己，也要對抗整個社會的價值觀。

我和很多性別氣質陰柔的孩子差不多，都有一個與同儕格格不入的童年，也都有過被嘲笑、被懷疑甚至被欺凌的校園生活。成長過程中，我一直試圖找到什麼是最真實的自己，因為我既不想變成女性，也不想就這樣當世俗的男性。直到現在才知道，其實我並不是在追求某個特定的自己，我只是想用我喜歡的各種面貌活著罷了！不管是陽剛還是柔美的樣子，我都喜歡，因為**這世界上最珍貴的愛，是自己完全認同自己，發**

自內心珍惜自己的愛！儘管我穿上皇后的衣服，我也不可能像周迅那樣符合世俗認定的漂亮；但無所謂，因為我最美的不是臉蛋，而是愛自己的那份自信！

在這個年代，人人都能穿自己想穿的衣服，拍自己想拍的照片，在不傷害他人的情況下，你可以盡情地去成為你想成為的樣子。《如懿傳》裡，周迅有一句經典的台詞：「本宮是皇上親封的皇后！」她雖貴為皇后，卻也只是父權與皇權給予的身分；但對我而言，我告訴自己，「本宮是自己親封的皇后」，就算皇帝也拿不走！這不只是一個稱號，更是期許自己能從以前張揚跋扈的模樣，蛻變成沉穩大方卻無法被動搖的皇后娘娘。

直到現在，嘲笑與批判的聲音一樣存在，但我看待的心態卻變了，並非刀槍不入，只是知道這些貧嘴的人未必不是在替自己的可悲發洩。反觀如今的生活，是靠著自己一步一步努力得來的；儘管還是有許多難如人意的地方，但我的心裡非常踏實。比起陷入囹圄的榮華富貴，這樣自在平凡的日常，或許更是難得的歲月靜好。

套上獨一無二的白紗，我就是最好看的人

在你有把握的領域中無限揮灑，不妄求整個世界；
就像我的白紗，只要我老公一人覺得好看，
那我就是這世界上最好看的人。

披上一件夢想中的白紗嫁給心愛的人，是很多女孩從小的夢想，也是少數男孩從小的夢想，我便是其中之一，而且我已經實現這個夢想了。

有不少人會認識我，是因為看了我的婚禮，一襲華美無瑕的白紗裙，配上純白的西裝、襯衫、腰封與珍珠，這是屬於我的白紗禮服。從婚紗照到婚禮，不管是西裝還是禮服，每一個夢想中的自己都如此美麗與真

實。我能想像，小時候在考卷背後畫畫幻想的自己，看到這些一定興奮地難以入睡！

儘管造型一釋出，陸續收到許多攻擊言論，認為這是摧毀社會價值的錯誤示範，甚至有同志跳出來抨擊，說硬要把專為女性設計的婚紗套用在男性身上，將造成社會對同志的厭惡與排擠。從這一大票批評言論裡，我看到了許多無知與惶恐，正如我們一路走來所熟悉的惡意。也正因如此，我更要站到高處，昂首展示，因為在我身後站著的，就是那些少數夢想穿上婚紗的男孩。

這個社會總是習慣用大多數人的刻板模樣去規範所有人的舉止，儘管高喊每個人都是獨一無二，但仔細想想，有多少事物我們僅是不同模組在複製貼上？就像去餐廳點套餐，看似有選擇，也只是在幾道菜色中變化；舉行婚禮也是參考別人的流程，改成自己的名字與模樣，剩下的套路幾乎與前一場結婚的新人沒有兩樣。

我們從小到大的教育總習慣在ＡＢＣＤ四個選項裡做選擇，讚賞遵守規定的孩子，用既有的標準去設計一系列造神儀式。雖然我不否認多數這樣的孩子確實很優秀，但有更多優秀的人，卻在這些篩選的標準中被淘汰與忽略了。**多數人總是用自己有限的想像力，去局限這世界的可能性，漸漸地許多人習慣平庸，忘了平庸之上，還有更多未知的事物。**

而且不得不說，我的婚紗實在是好看又無比適合我！它的創造過程是經過一連串專業人士的縝密設計，再由手工精良的裁縫師量身裁製，單純以「男性就是不適合穿婚紗」斷定的人，本身就只會以偏概全，不適合評斷任何事（即使他們妄言，又真的有多少人在意他們說什麼？）。

在成長過程中，我腦海裡的夢幻婚紗一直在改變，隨著越來越了解自己的身型，懂得自己穿什麼好看或難看，學會穿搭，不盲目跟風，也不再因為看了誰的造型好看，就複製穿上；畢竟不合適的服裝放在自己身上，反而被衣服駕馭，自信全無。這樣的邏輯，從日常穿搭到大日子的禮服都一樣，像是我這樣的陽剛骨架，穿露肩或貼身的設計都不好看，因此我選擇了量身定做的西裝配上大器的蓬紗裙，大到服裝的輪廓與型式，小至使用的材質與蓬度，全部都是經過細心思考的結果。甚至拍完婚紗後，又再次進行二次修改，我可以非常自信地說，它或許不是世上最美的一套白紗，但絕對是最適合我的。

我們在尋找自己的過程中，或多或少萌生過一些與眾不同的念頭，然而你卻可能因此被嘲笑甚至排擠，慢慢地，你開始習慣隱藏那些想法……也許偶爾回過頭去看那些被你隱藏起來的自己，多少都會有些惋惜吧？其實我也一樣，我也會害怕太過與眾不同的自己不被接受，曾經在無數的選擇中，扼殺了心中真正想要的那些。也許念頭是你能扼殺的，但真正的自己呢？**你與生俱來的很多想法，或許那是你的根本，你無法隱藏也不能摧毀，即使強勢改變了它，你也可能無所適從。**

這世上真的有某些人，他可以無視攻擊的聲音，勇往直前地活著，但更多人是難以做到的，包括我！所以我將自己視為奇貨可居，並且持續朝著自己預期的方向成長。在成長的過程中也持續接受社會化，因為當你必須和世界對話，你唯有學會與世界溝通的方法。並在這個過程中，將最真實、最奇特的自己完好地保存在心裡，當你在某個領域開始有影響力、開始能夠被重視後，你就能慢慢釋放那個真實的自己。

我突然想起電影《海上鋼琴師》裡面一段經典台詞：「雖然琴鍵有限，你卻是無限的。在有限的琴鍵裡，存在無限的曲調；無限的琴鍵上，卻無法彈奏任何樂章。」畢竟這世界有幾十億的人，沒有一套標準可以放諸四海，也沒有任何一個人可以討好全世界，那不如就珍惜那群視你為「奇貨」的人吧！在你有把握的領域中無限揮灑，不妄求整個世界；就像我的白紗，只要我老公一人覺得好看，那我就是這世界上最好看的人。

適時脆弱，做自己的太陽

人生必定有無數心痛的時刻，
每一次都是一場珍貴的練習。
最後當你回頭看，那些努力轉化過的心痛與心碎，
終將成為記憶中的美好風景。

我經常收到私訊，有人跟我分享他生活中所遇到的困難與挫敗。

印象非常深刻在某天晚上，我在連續好幾週的工作壓力後，因為某件小事而情緒潰堤，不想被任何人看到我在哭，所以我躲進倉庫裡。過了好一陣子，待自己平靜之後，才點開手機看了稍早響起的訊息通知，是

一則私訊，跟我說他剛失戀的消息，現在很徬徨無助，感覺自己可能再也堅強不起來了，希望我能教他如何克服自己的脆弱。

讀完訊息後我淺淺笑了一下，笑這個訊息來的時機太湊巧，當下的我其實也沉浸於脆弱之中。於是我開始細細回想，過去每一次覺得自己再也堅強不起來的時刻，可能是告白被當眾拒絕，也可能是被同學嘲笑排擠，這種現在想起來覺得沒什麼的事情，確實讓當時的我哭得喘不過氣，失魂落魄好幾個禮拜才回過神來。

突然想起魏如萱一首我很喜歡的歌〈陪著你〉，歌詞裡寫道：「生命本來就有脆弱，腐蝕生活的恐懼……做自己的太陽，你就能當別人的光」。脆弱是生命中必然存在的一部分，就跟痛覺一樣，但負面的情緒與感覺並非壞事，人正是因為會痛才學會分辨安全與危險，就像被火燙到、被尖銳的東西割傷、肌肉無法負荷造成疼痛，都是身體利用痛覺發出警告，讓你知道要採取適當的保護措施；而**脆弱、心痛與害怕這些情緒，是精神無法負荷時發出的警告，一種本能的求救訊號**。所以適時地展現脆弱是好的，至少它能夠保護你，而我們也確實都需要脆弱。

我們之所以討厭脆弱，是因為它使我們無法好好面對問題，甚至無法好好地過原本的生活，脆弱使我們看起來一團糟，那就是我們最討厭的模樣！

然而，體能的極限可以透過訓練提升，精神的極限也同樣能夠被提升。其實你只要能夠先理解「除了自己，沒有人能幫你克服脆弱」，你就已經開始學習克服脆弱了！旁人或許可以教會你方法，但是唯有自己學會，才能成長。如果遭遇到挫折與痛苦的時候，我們選擇逃避與躲起來，那就等同於放棄一次學會克服脆弱的時機，而這也沒有錯，至少你又獲得一次脆弱的經驗。我自己的生命經驗告訴我：「只有自己能夠做自己的太陽」，**你依賴的所有太陽都有背光的時候，即便是從小呵護我們長大的父母、長輩，也可能在一瞬間成為你人生中最大面積的陰影。**

我們很難獨自承受這些情緒，卻也無法總是依賴他人，所以我喜歡把情緒寄託給作品或其他事物。往往很多創作都是作者自己轉移情緒的產物，創作者傾注了自己的生命經驗在作品中，而你從這樣的作品找到和自己相同的感受，漸漸地能感受到被同理，甚至不再感到孤獨！可以盡情重播那首讓你大哭的歌，重看那部映照出你人生的電影，或甚至你可以自己創作，講你自己的故事，不管是寫文章、寫日記、畫畫、插花，亦或只是重新整理自己的房間，把傷痛與負面情緒轉移出去。在某一刻你會突然發現，原來你的負能量比想像的少，**與其強加正能量給自己，不如學會代謝負能量，做自己的陪伴者，這就是我認為的「做自己的太陽」！**

現在的我，就算面臨挫敗、心感覺最痛的當下，也會想盡辦法把那個痛藏住，塞進身體裡，讓當下的自己可以保持冷靜去處理好事情，讓自己表現成熟，最重要的是讓問題被解決，生活能繼續下去。但接下來我也會做好心理準備，一邊活著一邊等那些被延遲的心痛發作，相信我，它一定會發作！沒有什麼能夠憑空消失，傷痛也一樣。

但我會告訴自己，至少已經正在往前走了！這是我從我父親身上學到的。從小我都以為他是超人，總能在問題爆發時有條不紊地處理好，望著他這麼帥氣的背影，羨慕他一點都不脆弱！直到現在我才知道，原來他就是一直用這樣的方法，跨過一道又一道像天一樣高的檻。然而某個時刻他獨自坐在窗邊，像是失神一樣坐著，我知道那是他在代謝那份被延遲的痛苦，而這一點都不損他的堅強模樣，因為他依然持續往前，儘管緩慢了一點，但他仍然走在路上……望著他時而脆弱的背影，我覺得更帥氣可愛了！

也許這樣說很抽象，但這確實可以透過練習而熟能生巧。**人生必定要遭遇心痛的時刻，每一次都能是一種練習，漸漸地你會越來越能面對它、接受它甚至與它共存**。其實當你回頭看，這些你努力轉化過的負面能量，都成了你一路經歷過的美好風景。脆弱過的我們會逐漸堅強，所以不要想著硬要克服它，那是我們的必要特質，需要學會的或許只是如何暫時擱下、延遲，進而有充分的時間代謝那些負面能量。

與其想著克服脆弱，不如學著適時脆弱。因為只有脆弱，可以使你更加堅強。

誰不是痛到極處，才能完成一點點心願

每當遭遇挫折，心中萌生想死的念頭，
都會想起被我封為「敦頤皇貴妃」的那隻金魚，
想起了牠為了活著，分分秒秒奮力與命運搏鬥的樣子。

在我的左腰間有一個刺青，是一隻幾何圖形的金魚，而牠其實是我在二〇一三年養的一隻短身獅頭金魚。

有一陣子我突然開始養金魚，不只將魚缸取名為「澄清宮」，更把每一隻魚都賜了位分與封號。這隻橘金色的短身獅頭金魚，所有鰭都是半透明如絲緞的白色，游泳姿態相當優雅，特別討我的喜，於是一入宮

就封為貴人，賜封號「頤」，是取《前漢．賈誼傳》中「頤」字，指如意，願其如意悠游的意思（誰想知道這些啦！！！）。

不過好景不常，半年後，有幾隻金魚突然生了爛尾病，而頤嬪（頤貴人入宮後四個月晉了一次位分，但這也不是重點XD）也生了病，所有的鰭和尾巴開始潰爛，嚴重到游泳時都無法平衡。經過了一番治療與搶救，折損了幾隻魚，但頤嬪總算活了下來，儘管鰭和尾巴都不如從前漂亮，臉上甚至留下大面積的斑點，但看到牠們倖存，還是開心地晉封為妃。奇怪的是，自從病癒後，頤妃的鰭和尾巴再也沒有長出來，牠每天都辛苦地游著，甚至時不時會翻肚。就這樣過了幾個月，某次乍暖還寒，嬪妃們（金魚們）又生病了！同樣經過一番搶救，又折損了幾隻魚，而頤妃雖然挺了過去，卻看起來更嚴重了，鰭和尾巴幾乎消失殆盡，只剩下左邊的小鰭還在不斷拍打，但無論怎麼拍打都只能在原地打轉，無法前進也無法進食。

為了不讓牠被水流沖來沖去，也不忍牠再這樣受苦，於是將牠隔離在其他水缸中。那段時間，我常以為下班回家會看到牠一動也不動的屍體，結果牠每天仍然努力地拍動左邊的小鰭，試圖把自己回正……就這樣整整一個禮拜，在某個晴朗的傍晚日落時，再也沒有動靜。於是我將牠追封為敦頤皇貴妃（從大病中撐過來後，有晉封為貴妃），並且葬在一棵盛開的茶花樹下。

說到這邊不禁覺得有點太過悲傷與壯烈，事實上，我們的人生要面臨生死的議題也不容易，但是痛苦到想死的時刻卻很多。但其實仔細想想，**與「死」相較，想著怎麼活下來才是最困難的**。有時看著身邊親友遭遇艱難的人生議題，或自己也曾經經歷過一些巨變，事過境遷後總覺得不可思議，甚至會忘記事發的當下自己到底有多難受；但可以肯定的是，還不想就這樣結束此生。

於是，在思考刺青要刺什麼圖案時，我想起了敦頤皇貴妃，想起那為了活著，分分秒秒奮力與命運搏鬥的樣子，而牠只是一隻小小的金魚。回想起過去的自己，其實多次遭遇挫敗之後，心裡都會萌生想死的念頭，儘管我總覺得自殺只是一種人生選擇，無需譴責這樣的選擇是不好的，但敦頤皇貴妃還是深深震撼著我，比起每一則聽過的勵志故事都真實。或許是因為親眼所見，讓我決定將這份意志也刻在身上，至少提醒自己，連金魚都懂得珍惜生命，為了活著奮力一搏，做為人類的自己，更不要輕易被困境打敗！

在《如懿傳》裡有一句我很喜歡的台詞：「誰不是痛到了極處，才能完成一點點心願。」儘管這是出自一位反派角色要教唆人去使壞時說的話，但這句話確實很有道理，而這個反派也是經歷了許多磨難，付出了

（害了）很多努力（人）才得到自己想要的。但這段話適用於所有人事物，很多人人嚮往的夢想，都必須克服痛苦與困難，才能夠完成；畢竟輕易能夠做到的事情，往往可能也沒有太多價值。

長大後的我回頭看自己的過往，反而有點慶幸一路遭受的磨難。或許是見識過地獄，所以不害怕看到魔鬼，被擊倒後又爬起來的自己，會越來越堅強！每當看到有人向我抱怨他所遇到的問題，會發現那也曾是我感到痛苦的原因，然而如今的自己已經不再害怕面對相同的事情，甚至可以平心靜氣地與對方討論，變成更堅強的人，正是我想完成的那一點點心願吧！

有終點的人生，過得比較起勁

我們掌控不了何時何地離開這個世界，
那至少在這之前努力完成每一個願望。
就像「限時搶購」激發腎上腺素的道理，
儘管可能衝動購物，至少你獲得一次熱血沸騰的快樂經驗！

夕陽斜照在明清宮苑的宮牆上，大片朱紅色與橘瓦綠簷反覆映入眼底，我的臉上泛起一抹笑意，笑著笑著卻掉下了眼淚，默默將心裡的遺願清單：「拍我夢想中的婚紗照」這個目標打勾。

我不知道人生的終點在何時何地，也不知道那個時候的我是什麼模樣，所以我帶著這樣未知的心情，寫下了遺願清單。十五歲的自己，覺得世界充滿惡意，所以獨自一人在中投公路的烏溪橋下度過生日，並許下了「三十歲結束生命」的願望。從那天起，人生彷彿看得到盡頭，雖然生活還是一樣討厭，卻在無意間感到時間過得太快，像是被追殺一樣拚命往前跑。

二十七歲那年，在台北過著上班族的生活，日子越來越愜意，卻在某天突然想起我曾許下的這個願望，萬一我真的在三十歲被天收走怎麼辦？懷揣著這個念頭，我拿出寫有遺願清單的筆記本，發現上面只有潦草地寫了些夢想，於是我花了一整天時間，增添了好幾個夢想，我也是在那個時候決定要嫁給我老公。

辦完婚禮之後，我把筆記本上寫的每一條都打勾，而我也年過三十歲了！說實話，我到現在還是想著，我如果突然死掉也怨不了誰，因為我當年真的非常誠心在許這個願望，也是真的相信我可能會在三十歲死掉，或許就是這個念頭，讓我覺得非得完成那些清單不可。

婚禮辦完之後，其實我有些許落寞，並不是覺得繁華落盡的那種落寞，而是在思考，既然我還活著，那我的下一步要做什麼？！未來除了三隻貓和老公，我沒有抱什麼期待了！為此我還再次攤開筆記本，試圖要寫一些什麼遺願清單，可是這個念頭只持續幾天，然後在某個夜裡，我帶著那本筆記本，騎著機車去到當初許願的橋下，將它丟進溪水裡。想想我背著那份沉重的執著，裡頭滿是對世界的不滿與不甘心，一直這樣走到了現在，也是時候和當時的自己告別了。

不久之後就過年了，我第一次沒有回家吃團圓飯，和妹妹在朋友家度過了除夕，接著我搭車去台南找老公。在列車上，我倚著窗認真想著未來，可是依然沒有明確的目標。這種感覺很奇怪，畢竟一直以來我都非常清楚自己想做什麼，可是現在的自己卻毫無目標，卻又不是會感到徬徨的那種；時至今日還是無法解釋這種感受，也許在看這篇文章的某些人也有相同的感覺吧？

想到這裡，我在列車上用手機寫下這篇文章，然後給它一個標題：「有終點的人生過得比較起勁」。像是我前半生的寫照，然而這個三十歲以後的後半生，我也還在試圖找答案，其實我開始有點喜歡上這種未知的感覺，甚至想把掌握未知作為新的目標。

我是個喜歡掌控事情的人，比起害怕麻煩或辛苦，想到情況無法掌控更讓我感到害怕。甚至從很久以前就在規畫喪禮，就像規畫婚禮那樣，明確列表喪禮的風格、色系、使用的花材建議項目、流程與音樂等。並非我已看淡了生死這回事，相反地，擁有越多的現在，我越害怕面對道別。但是規畫喪禮是另一回事，能夠以美好的方式去構思自己的道別，也讓自己去正視生命總會在某一刻結束。既然掌控不了何時何地離開，那至少把我們能做的事都做好，面對每件事都是如此，就像「限時搶購」和「長期特惠價」的道理，我們會因為限時而激發腎上腺素去搶購，儘管你可能因此衝動購物，至少你獲得一次熱血沸騰的快樂經驗！

假定自己會在某一刻離世，在那之前要盡可能去體驗和嘗試，就算做錯了決定也無所謂，至少你過得很起勁，即便立刻死掉，也不會後悔。如果你感到迷惘或漫無目的，不如試看看這個活法，也許能打通你死寂的人生，這是我三十歲以來的最大心得！

最後我補充說明一下，並不是要大家想著去死，而是想著你總有一天會死，只是你把這個「死」暫定了一個期限，然後促使自己在終點來臨前，完成一些不做就會遺憾離世的目標。就像我的三十歲那樣，而越過這個檻之後，或許你會得出新的體驗，又或者你會給自己設定下一個目標，但無論如何，都是希望你不要覺得生命是條漫漫長路，因而蹉跎它。

既然來到這世界上，乾脆努力照著自己想要的樣子活吧！至少這麼想，困難就不再那麼困難了，因為它有突破的價值，而那些正是你活著的價值。

擁抱過去那個不被接納的自己

我不需要和過去的自己和解，
我雖然討厭過去的自己，
但我清楚那不是他的錯，
所以我擁抱了他。

某天回老家看阿嬤的時候，姑姑把我拉到一旁：「你不要在網路上說那些家裡發生的事情啦！親戚都會來跟我們說，而且他們都批評你怎麼可以那樣說自己的長輩！」我笑著回姑姑：「但那些事不都發生過嗎？難道就因為是長輩做的錯事，身為晚輩就要假裝沒有發生嗎？」其實應該也有很多人不能理解，為什麼我常常在說家中長輩的壞話，甚至鄙視長幼尊卑的倫理道德。

「知道嗎？我總是惦記，十五歲不快樂的你，我多想把哭泣的你摟進我懷裡。不確定自己的形狀，動不動就和世界碰撞，那些傷我終於為你都一一撫平。」這首是劉若英的〈繼續—給15歲的自己〉，我第一次聽到是在某一次大家開心唱歌的場合，某個朋友點了這首歌來唱，結果聽她唱著唱著，我就大哭了起來。

回想起我的成長過程，物質生活方面都有吃飽穿暖，不過父母都忙於工作，所以和我接觸最多的長輩是伯母和奶媽，而我從小就是個過動又調皮的小孩，所以常常被罵、被揍或被處罰；在每個長輩眼裡我的形象就是個壞小孩，只要一吵鬧，就會被打頭叫我閉嘴，甚至如果頂嘴也會被賞耳光。

印象最深刻的是我國一的時候，當時在上我們導師的數學課，而我一直都覺得數學課非常無聊，所以當老師在台上把話講一半的時候，我就會很白目地小聲接話。有時接的內容很有趣，就會逗得隔壁同學笑出來，後來我將此當成上數學課的小樂趣。結果有一次我又接話的時候，立刻被老師拿粉筆丟頭，接著他把我叫了起來，然後當著全班的面說：「你真的很討人厭，你就是沒人會喜歡的那種人。」說完全班同學都笑了，但我其實覺得很難為情，甚至很想哭，但自尊心告訴自己絕對不能哭，所以我就跟著笑了起來。

這一笑，也把老師徹底惹怒了，於是我被叫到講台前打了五下，然後就到走廊罰站了兩節課，即使下課時間也不能離開。那段下課相當煎熬，班上幾個同學圍著我足足有十分鐘，可以很清楚聽到他們的竊笑與嫌惡，而我依然倔強地保持微笑，直到上課鐘響，同學們全都進到教室後，我才看著空曠的中庭掉下淚來。那時候的我，心裡充滿了各式各樣對世界的憎惡，更開始討厭自己，所以我現在最想擁抱的，就是那個站在走廊的自己。

我很常在影片中分享自己的故事，不管是來自長輩們荒謬的事，還是霸凌與被霸凌的事，對現在的我而言，都已經是荒唐的故事了，所以常常用講笑話的方式在分享。

其中一個故事，是我小時候罵了我伯母一句「破格」（台語：沒有人格的意思），而這句極其難聽的話，其實是我伯母每次用來罵我的，所以在我的認知裡它就只是一句用來罵人的話，也因此我倔強地不願認錯，並一直嚷著：「伯母也有說啊！」然而我爸卻一巴掌打在我臉上，並嚴厲斥責：「她是長輩，再怎麼樣你都不能罵她！」聽完這個故事後，我的助理 Jason 卻突然很沉重地告訴我：「這個故事我真的笑不出來，而且很想哭，這些都是你的傷痛欸！」不過我卻淡淡地笑著回他：「對啊！不過那些傷痛，我都已經淡忘了，所以現在看起來只剩可笑的部分。」

在內心深處我自己很清楚，我並沒有真正釋懷，否則不會時不時當成笑話拿出來說，又或者逢年過節都會關切伯母是否過得比我糟，正如同「愛」的相反詞是「不愛」而不是「恨」，我對我過去整段成長經歷都充滿了怨懟，所以心裡並不希望他們做完那些壞事之後，可以安然無恙到老，因為我一直都記著。

而且細細想來，被我爸打的當下，真的很痛，但痛的不是臉被打，而是爸爸當著伯母的面打我，我心裡充滿了不理解，更覺得在我最討厭的人面前被羞辱了。事實上，在我過往生命中有很長一段時間，我最深刻的傷痛都是由父親的傳統父權思想造成的，包括對於我身為同志身分的否定以及無數次不分是非對錯地要我屈服於長幼尊卑；在那段歲月裡，家人對我而言，都只是有血緣關係的人。

某個深夜我突然收到一封長篇大論的私訊，他訊息中說了很多我曾提過的往事並分享了他自己正在經歷類似的事，最後問我：「你是如何跟過去的自己和解？」我想了好幾天才回覆他：「**我不需要和過去的自己和解，我雖然討厭過去的自己，但我清楚那不是他的錯，所以我擁抱了他。**」

我一直在拚命掙脫討厭的過去，想讓自己過得比以前更好，但奇怪的是我為什麼要逃離我自己？但這是在我遇見肯定我的人之後才意識到的，而這也是我人生中最幸運的事情。我現在的朋友與伴侶都認同並接納真實的我，所以我才一直鼓勵大家要勇於斷捨離各種負面關係，包括切不斷的血緣也一樣。

在成長過程中，我們會無數次地質疑自己，甚至討厭自己，但也會漸漸發現，人本來就是從各種抵觸中磨合。就像我和父親的關係，從彼此的身上學習不同的價值觀，也學習了接納差異，學習不斷讓自己進步；在這過程中變得越來越喜歡自己，這就是我面對過去的自己時，所能給予的，最溫柔的擁抱。

我的出櫃，與那之後的漫長沉默

和家人出櫃的那個晚上，
宛如我此生度過最漫長的夜晚。
漫長的沉默過後，彼此各自說出冰冷而可怕的話，
接著又是漫長的沉默。

出櫃是異性戀不會理解的事，就像男生不會理解女生月經來到底有多不舒服，但至少我們可以學會體諒。

早在我意識到自己是同性戀之前，我已經喜歡上同性了。在幼稚園念中班的時候，被一個大我三歲的國小男孩吸引，當時一見到他就會害羞

臉紅的我，並不知道這樣的現象與社會對我的期待有多麼不同！所以一直到我國小階段，我都是大方地表達對同性的喜歡，直到有一天被同學用厭棄的口吻嘲弄：「你是同性戀，你喜歡男生很噁心！」

從那天起，我的世界裡多了一個櫃子，而我也為了融入同儕，選擇把自己關了進去。

我開始和其他男生們一起討論班上哪個女生最正，並且對班花窮追不捨，甚至捉弄她、掀她的裙子。甚至某次校外教學的時候，為了證明我不是同性戀，在同學的鼓動下，我強吻了一個女生的臉頰。看著她大哭的樣子，我心裡突然湧出滿滿的反胃感，那大概是我第一次感覺到自己是虛偽的人。

我的兩次出櫃都是「被出櫃」。隨著社會化的過程，經歷了國小和國中的洗禮，被喜歡的男同學和學長相繼當眾拒絕甚至羞辱後，儘管內心強烈渴望自由自在地做自己，但我卻越來越清楚自己身為同性戀是不被大眾接受，甚至不被家人朋友接受的。

高中某一天，我突然就被班上的同學出櫃了。她當著全班的面公布了我喜歡某個學長的事，而當我質問她為什麼要這麼做的時候，她還理直氣壯喊著：「我這是為你好！你不該隱藏自己！」用政治正確的外衣包裝她可惡的行為，誠如這世界上很多偽善的人。

但這次的被迫出櫃，卻成了一個契機，我選擇不再隱藏自己的想法，甚至不那麼在乎同學們的看法。在那之後我更大方地和其他學校的男生約會、交往，我發現儘管被大家用異樣眼光看待的日子有些孤獨，但能自由自在活著卻是輕鬆的！所以從那之後開始，我就不再刻意對外隱瞞了，漸漸地在班上和宿舍都遇到了一些對我釋出善意的人，甚至班上有一位同樣是同志的男孩遞了紙條給我，然後我們變成了陪伴彼此的朋友。

上了大學之後，或許因為大家都成熟了一些，也或許是台北的風氣較為自由而開放，在世新的校園裡，我幾乎沒有感受到歧視與惡意，於是我更放飛自我地以一個完全的同志身分活著！然而某天晚上，我帶回住處過夜的人偷了我的手機與錢包，到警局備案後竟意外被家人發現了我的真實身分。當時我正在買晚餐，突然接到爸爸的電話，他冷漠而嚴厲地要我立刻回南投，在開往台中的統聯客運上，眼前和窗外都是一片黑，心情像是一池寧靜的湖水被翻攪，那些沉澱在池底深處的恐懼與不安統統翻湧了上來，變得一片朦朧混濁……從小我就時常因為走路扭腰擺臀而被打屁股，因為偷穿媽媽的高跟鞋而被賞巴掌，一切我與眾不同的部分都成了童年的原罪，以至於在國中被同學霸凌的時候，寧可學會自己反擊也不敢向家人透露隻字片語；然而這一切我選擇遺忘的回憶，又再度被翻攪了出來……

和家人出櫃的那個晚上，宛如我此生度過最漫長的夜晚。漫長的沉默過後，彼此各自說出冰冷而可怕的話，接著又是漫長的沉默。我印象最深刻的是爸爸用冰冷的目光看著天花板，毫無溫度卻無比沉痛地說出：「我比誰都努力工作，結果我的孩子一個是唐氏症，一個是同性戀，我這一生的所有努力，全部都白費了……」這段話重擊在我的心上，像是有形體一樣地砸在我的頭上，我甚至有些耳鳴，過了片刻我才回過神，接著緩緩站起身，眼神逐漸變得鋒利，有些猖狂地怒視著他們，開始全盤托出我過往所受的一切委屈與恐懼，並質問：「當我被霸凌的時候，本該保護孩子的父母在哪裡？本該是避風港的家有起到任何作用嗎？」當我說完這些話，我看到他們兩個眼中的所有光芒都消失了。

很常有人私訊問我怎麼跟家人出櫃，或者家人在他出櫃後各種冷嘲熱諷他該怎麼辦，坦白說我和家人的出櫃過程同樣艱難……在那個晚上之後，我幾乎不再回南投，父母為了不讓我繼續任性也停止匯生活費給我，但這樣的關係只是越來越冰冷，儘管我媽媽曾多次試圖改變我們的關係，卻終究是徒勞。出櫃後的重建之路整整走了六年才走完，而破冰的起點恰巧是一場嚴重車禍，在那刻彼此回想起比「各自期望」更重要的親情，也才開始努力做回原本單純愛著彼此的家人。

隨著社會化的過程，隨著我經歷的這一切事件，在那些被排擠、被霸凌、被家人否定的歲月裡，我漸漸學會保護自己，學會替自己療傷。我悟出了一些道理：**或許真正愛你的人，終究會接受你與生俱來的樣子，但在這之前，你要成為這世界上第一個愛你自己的人，千萬不要為你自己的模樣道歉。**

在我決定要辦婚禮的時候，我挑了一個和爸爸獨自散步的夜晚，我對他說：「很抱歉我沒有成為你期待的樣子，可是我真的很喜歡我現在的樣子。」我爸沒說什麼，只是一直靜靜地走在我前面，從那之後一直到婚禮前我們都沒有再討論過這件事了；但在婚禮上，他的出席與他的擁抱，是他的真心。

一直都有人罵我自私，為了做自己而讓父母傷心，但事實上，真正令同志的父母傷心難受的，其實是這個將同性戀妖魔化的社會。因為歧視與惡意的環境，讓父母以為他們的孩子不正常，真正自私的恰巧就是那些罵我的人。我早就不期望改變那些人了，但至少還充滿善意的你，看到這篇文章時可以提醒自己，你的善意是改變這個世界很大的動力，就像一杯遞給女孩的熱黑糖薑茶，即便緩解不了她的經痛，卻能溫暖她此時的身心俱疲。

所以，擁抱你身邊此刻正在煎熬的人，你的善意或許能陪他撐過寂寞難耐的苦痛。

最 Man 的男人，最無私的愛

他最 Man 的一件事，
是敢於面對自己的心魔、打破世俗賦予的框架，
帶著一顆剛強的心成為溫柔的人，
然後真心愛著孩子真實的模樣。

婚禮當天，我坐在休息室裡化妝，期間不斷有人進進出出跟我確認事情或寒暄，而我卻有些浮躁。後來主持人進來跟我說時間到了，要請我下樓去給媽媽進行蓋頭紗的儀式，我拖著長長的白紗，緩慢走下樓，這時妹妹跑到我眼前，氣喘吁吁地說：「來了！」

我顫抖得有些慢下腳步，接著看到爸爸從大門走了進來，下意識地我還是避開了爸爸的視線，而爸爸不發一語看了我一眼，就徑直往會場走去。

這是我三十年來，第一次以自己最最真實的模樣站在爸爸面前，在這之前，儘管和爸爸關係逐漸變得親密，我還是會下意識地以「符合男性形象」的模樣與他相處。畢竟他在我眼裡，一直都是個剛強的沙文主義者，我甚至沒有勇氣當面邀請他出席這場婚禮，僅是傳了一封正式的邀請函給他。直到婚禮前一天，都還沒有收到他的正面回覆，當然，我也沒有告訴他我會身穿白紗，所以那天當他這樣無預警地出現，我像是做錯事的孩子一樣，下意識地迴避眼神的交集；因為我太害怕在他眼中看到失望的表情，一如出櫃的那個夜晚，他眼裡如黑夜的大海般深沉的失望。

我父親是一個很優秀的男人，自幼家境貧困卻奮發圖強，考上了大學卻體諒家裡而放棄入學，十八歲就出社會開始工作，在經濟起飛的年代憑藉努力與勇氣白手起家。不管家境如何，在物質上他從不讓我們吃苦，雖然我總感到他嚴厲又難以親近，但一直覺得他是很可靠的父親；反觀，我只是個調皮又不認真讀書的娘娘腔，不受任何長輩喜歡，所以從小就選擇跟爸爸保持安全距離，上了國中後開始住宿生活，和家人不熟變得更理所當然。

後來我意外地被迫出櫃，與父親的各種言語、行動上的互相傷害，更是讓父子關係進入冰點，在那之後我逼迫自己要盡快經濟獨立，成為一個完全不需要仰賴家裡的人；因為那時候的我堅信，我的家人永遠不會接納我，**與其活在渴望被接納的人生中，不如努力建造自己想要的人生。**

我認為這種悲憤的力量，確實讓我的人生比旁人還要快速地往前衝。但就在我某次去聽蘇打綠的演唱會時，我聽見吳青峰在台上說著他與爸爸的故事，並演唱了他在爸爸臨走前，寫給爸爸的〈小時候〉這首歌；歌詞中唱道：「我忘了說心裡面的願望，始終是要你的肯定啊……」聽到這，我內心湧起一股劇烈的衝動，很想告訴爸爸其實我很想要愛他，然而這股衝動還是被心裡的倔強壓抑了。但那是個起點，從那天開始，我漸漸不避諱與家人相處，甚至開始主動聯絡家人的情感；然後我驚訝地發現，爸爸雖然還是老樣子，但總覺得已經和我印象中的那個沙文豬不一樣了。

不知道是不是因為經濟獨立後，不再事事仰賴家裡的我，反而越能與父親平等對話。畢竟從前總覺得拿人手短，爸爸說的很多事我只能用叛逆或衝突的方式去反抗，從來不敢真正表達自己的意見。長大後的我，學會了理性與溝通的能力，很多事情都更能以自己的角度去和父親討論，並在這個過程中發現，他雖然常常不認同我的觀點，甚至有時會討論到不歡而散，然而下次再遇到他的時候，會發現他的改變與讓步，而我自己也在這個過程中，學會反過來站在他的立場看待事情。於是，漸漸地我們越來越少起爭執，他也更願意與我分享家裡的事，甚至幾番尋求我的協助；儘管還是經常把「長幼尊卑、倫理道德」這些話掛在嘴邊，但我開始從他的身上感受到真實的尊重與接納。

我一直與父親保持互相尊重的良好關係，但是對於用「真實的我」與他相處，我始終是有所保留的。因此即便知道他已經認可我與老公的關係，但為免被拒絕，所以舉行婚禮這整件事，我都選擇單方面執行，甚至做好了他不會出席的準備……然而，他卻在最後一刻，穿著一身黑色帥氣西裝出席了……

整場證婚儀式的過程，父親都像觀禮者一樣安靜地坐在位子上，看著妹妹牽著我進場，聽著媽媽在台上致詞，一直到儀式結束，和賓客們一同起身鼓掌目送我們離場。接著，主持人要我們返回證婚場地與大家合照，老公牽著我的手通過側邊狹小的走道準備走回去，而其他人在我身後替我梳理大大的裙襬，還在一陣手忙腳亂之中，當我經過爸爸身邊時，他突然一把抱住我，全場的人都被這突如其來的擁抱嚇到。而爸爸渾身顫抖卻把我抱得緊緊的，接著在我耳邊輕輕說一句：「你今天很漂亮。」

我的眼前頓時一片模糊，無法控管表情地大哭，而他也哭了，很ㄍㄧㄥ的臉上還透著淡淡的笑容，他接著抱緊了老公，然後拍了拍他的肩膀，像是電影裡面，爸爸嫁女兒時抱緊女婿說：「要好好照顧他！」

那幅情景，成為我腦海裡永遠無法抹滅的畫面。

以前我爸很常說：「男兒有淚不輕彈。」我也確實極少看到他掉淚，除了爺爺的告別式，就是我的婚禮了。

從小到大我都凝視著他堅強的背影，看他遇到任何事都能處變不驚，甚至把一切重擔、責任統統扛起，無疑是個最Man的男人。但我認為他史上最Man的一件事，是敢於面對他的心魔、打破世俗賦予的框架，帶著一顆剛強的心成為溫柔的人，然後真心愛著孩子真實的模樣。從他的身上我看到太多人性的可能，放棄自己想追求的人生、選擇扛起整個家族，甚至對於那些傷害過他的人，也能夠拋下成見。

我每次回想起一路走來的過往，幾乎被所有人否定的童年、被同學排擠與霸凌的國高中、用忿忿不平推著自己往前的人生，最後卻變成一個懂得溫柔力量的我，總以為是另一半、朋友和一路上遇到的貴人改變了自己；然而，仔細回想才發現，我早就已經活在爸爸對我的愛裡。

有不少人會認識我，是因為看了我的婚禮，一襲華美無瑕的白紗裙，
配上純白的西裝、襯衫、腰封與珍珠，這是屬於我的白紗禮服。

披上一件夢想中的白紗嫁給心愛的人，是很多女孩從小的夢想，也是少數男孩從小的夢想，我便是其中之一，而且我已經實現這個夢想了。

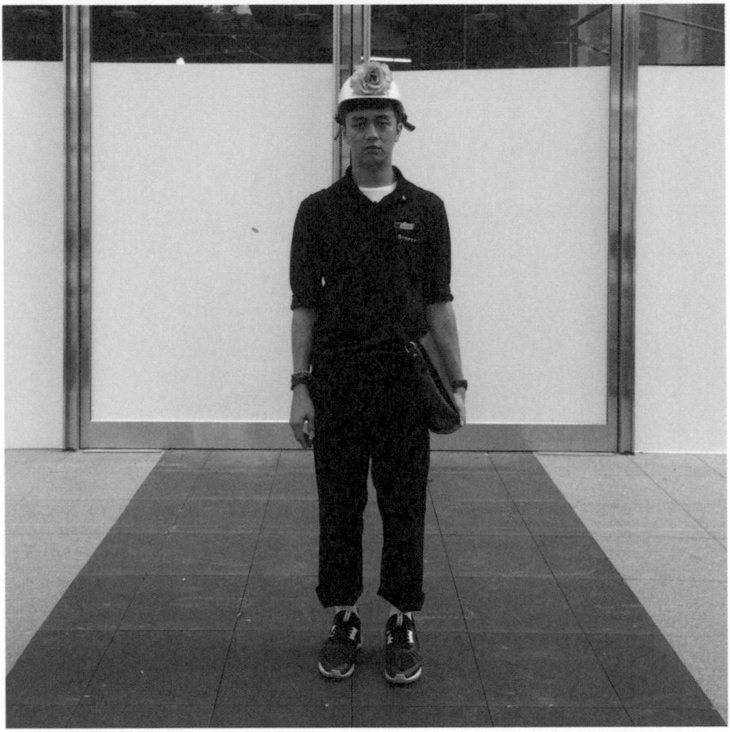

在工地帽上面簪了一朵大大的花，穿梭在工地間，不想刻意壓抑自己的性別氣質，卻也能與工班們打成一片。我不認為男同志只有陰柔與感性的標籤，我可以與剛強並濟，戴著花扛建材，也可以邊唱濱崎步的歌邊開手排貨車，性別氣質是自助餐，我挑選屬於我的附加在我身上。

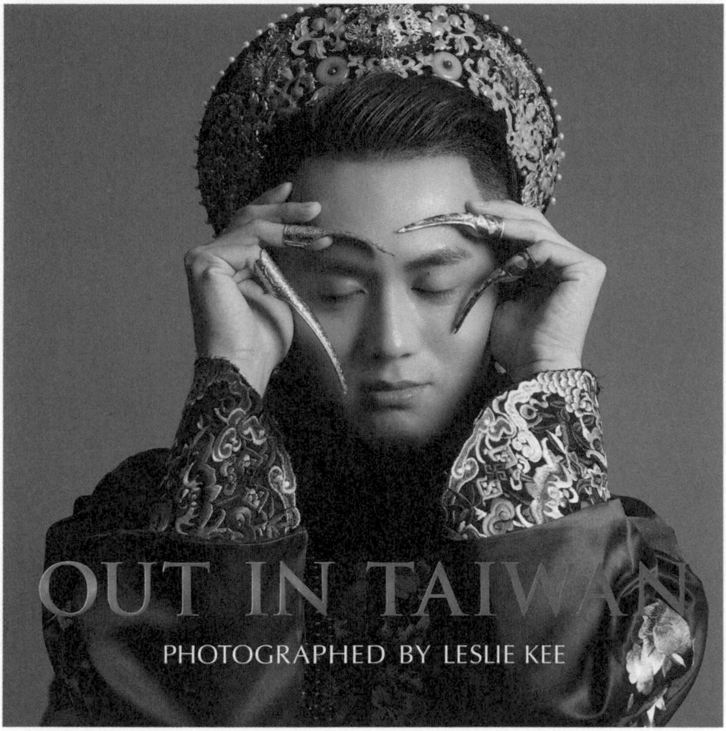

金尊玉貴的皇后「娘娘」說的話自然是「娘娘腔」。
娘娘的這個身分，不只是我對清宮劇的喜愛，更重要的是，我能在這個身分裡找到自我的認同！也釋放了從前對「娘娘腔」這個稱號充滿陰影的自己。
2018 年國際知名的攝影師 Leslie Kee 發起「OUT IN TAIWAN」的拍攝企畫，我選擇以「皇后娘娘」的形象入鏡，便是想傳達這種自我認同的心情。

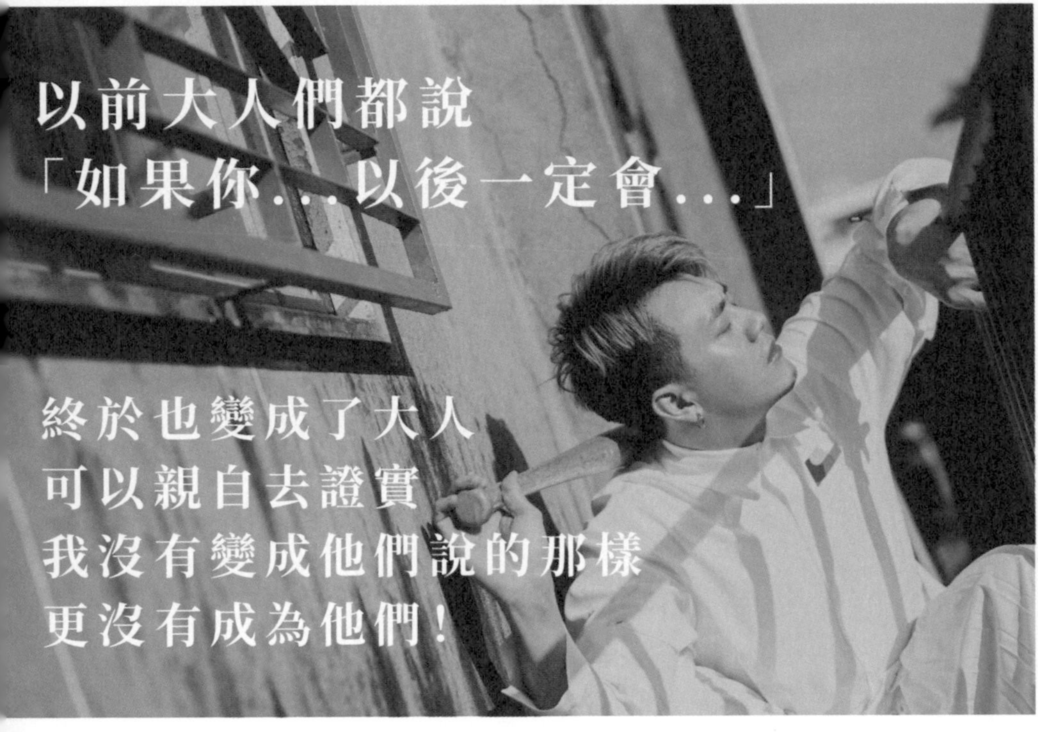
以前大人們都說
「如果你...以後一定會...」
終於也變成了大人
可以親自去證實
我沒有變成他們說的那樣
更沒有成為他們！

我很喜歡
現在的自己
希望你也是！

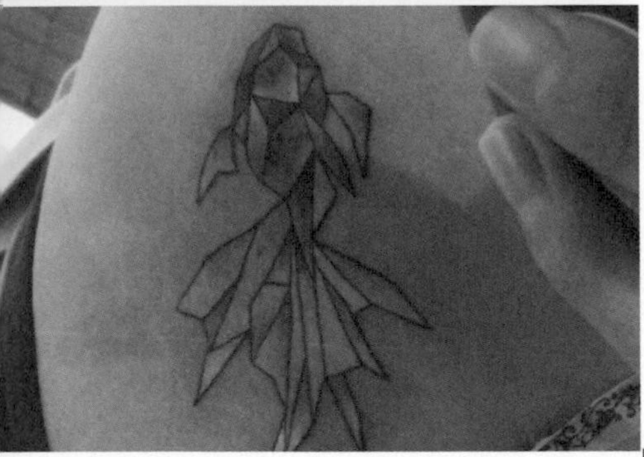

敦頤皇貴妃，是我曾經養過的一隻小金魚，也是我刺在腰間的刺青。

在牠生命的最後，儘管只剩下左邊的小鰭，卻還在不斷奮力拍打，分分秒秒與命運搏鬥。

回想起過去的自己，好幾次遭遇挫敗之後，心裡都會萌生想死的念頭，儘管我總覺得自殺只是一種人生選擇，無需譴責這樣的選擇是不好的，但敦頤皇貴妃還是深深震撼著我，比起每一則聽過的勵志故事都真實！

每次回想以前的自己，總是記得十五歲時，許下「三十歲死掉」的心願的那個我，有多不快樂。

但在翻看照片時，卻發現還是有很多笑得開心的模樣，是因為這些開心的時候，讓我有勇氣一直活下去吧？

我希望自己除了記得傷痛，也要學會記得快樂！

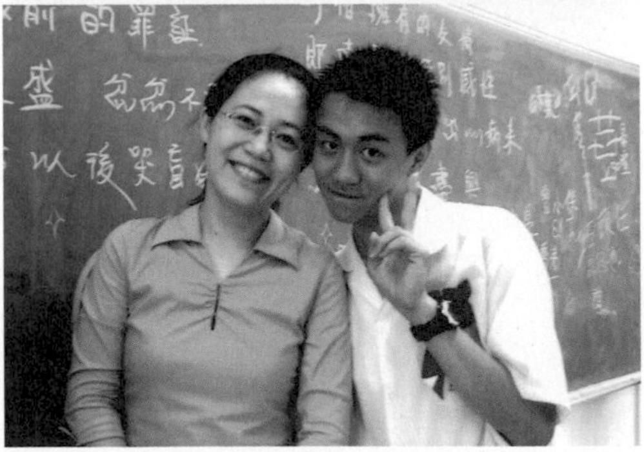

15 4 '90

人際之間

一個人的善良是有限的

別太把自己當回事，其實你並不重要

情緒勒索往往只對那些在乎你的人起作用，
你以自己的情緒、處境甚至生命做要脅，
無非只是利用了對方「不願意你變成那樣」的體貼罷了！

我們總用「每個人都是獨一無二的！」來鼓勵人，這話說得也沒錯，我自己也很常鼓勵人要對自己有自信，不過自信跟自以為是，是兩碼子事。

雖說最美的風景是人，但最醜陋的，往往也是人。很多人總是無限上綱自己的重要性，動不動要拿自己去威脅別人，說著幾句重複的例句：

「我這是為你好！」、「要不是因為我，你早就……」、「你這樣做，我會覺得……」坦白說，沒有多少人在乎「你覺得」，他們往往也只在乎「自己覺得」。

這些年最常討論的議題之一就是「情緒勒索」，而情緒勒索說穿了也只是沒有手段中的手段，大概就是狗急跳牆的那種程度。情緒勒索往往也只對那些在乎你的人起作用，你以自己的情緒、處境甚至生命做要脅，無非只是利用了對方「不願意你變成那樣」的體貼罷了。雖然人或多或少難免會不自覺地使用情緒勒索，但透過這種方式達成目的就食髓知味的人，最終會輸光所有籌碼，可憐得連別人的同情心都失去；畢竟對你的同情心都有可能被拿去利用，試問誰敢？

我自己有時也會一廂情願地希望別人配合我去做我想做的事，有的時候，對方也許並不樂意，但是出於對我的體諒而答應。從前的我可能把這些視為理所當然，但隨著幾次在親情、友情或愛情上跌倒的經歷，我才真正意識到，**很多時候我們之所以爬得高，是因為別人選擇站在你腳下，撐著你，而他們也可以隨時轉身離開，使你登高跌重**。

我曾經有過一個朋友，我們的個性很像，也一拍即合，但我卻在相處的過程中漸漸不喜歡對方。我們經常為了極其細微的事吵架，像是參加Party有沒有做同款的閨蜜造型，或是他的某次直播我有沒有在線觀看，日積月累下來，演變成各種衝突，也使我們再也無法成為好朋友。印象最深刻的是我曾經在某次爭執中，冷冷地對他說：「別太把自己當回事，其實你一點都不重要！」我在那一刻，突然像是被自己重擊一般，我討厭的人，其實就是我自己的翻版……當時的我，時常認為身邊的人是圍繞著自己打轉的，可是仔細想想，我只不過是朋友圈中的意見領袖罷了，別人對我的尊重與喜愛，統統不是與生俱來的。

明白這個道理對我而言非常重要，很長一段時間，我並沒有意識到自己正在情緒勒索別人，但我卻一直很討厭被人情緒勒索！所謂知己知彼，百戰不殆，以推己及人的方式去理解使用情緒勒索的人，到底都在想些什麼，再反過來去攻破這些癥結點，就能夠抵禦大部分的情緒勒索了。

不過，在對抗情緒勒索前要先有一個覺悟，你越在乎對方，越無法倖免。不過反過來說，如果你也不害怕失去這段關係，或者不害怕對方受傷，那情緒勒索的招數，對你本身就不攻自破。所以如果你在乎對方，但不希望被他威脅利誘得逞，或許你可以先試著點破他！

我有一位至親長輩，經常性的用極端情緒要求身邊的人體諒他、配合他，有一次我實在受不了了，就直接理性而直白地跟他說：「請你不要再情緒勒索我或其他人了！我們都很在乎你，但在你希望我們體諒你的同時，也請你體諒我們！」說完之後，空氣至少凝結了五分鐘這麼久，在場的所有人，包括我爸都沒有說話，連出言制止我不該忤逆長輩都沒有，畢竟我也觀察到他們長期以來的不堪其擾，而我不過是說出了他們心裡的話。

與自己不在乎的人相處是最簡單的，因為你不太需要考慮對方心情，當他傷害你或對你提出無理要求，你可以反擊或者置之不理。可是**與在乎的人有衝突，就像做腦神經手術一樣，每一刀都要精準而多慮，但如果選擇不動刀，就只能任由問題擴大，最終關係崩壞**。

最後我想說，這世上真的沒有不能捨棄的關係，再怎麼深的感情，如果真的對你有害，那你還是必須將它捨棄，否則一直活在互相傷害裡，最後關係還是會壞死。而我們也要謹記，自己或許獨一無二，或許在某些人心中很重要，但那是因為他們對你的在乎與愛使你重要，否則說坦白話，沒有觀眾的表演者，也只是擺件罷了；不把自己看得太重要，你才可能變得越來越重要。

面對無禮之人，也沒什麼好客氣！

禮貌不是理所當然，
那是壓抑了個人天性去換來的社會化結果；
不是為了什麼世界和平，
而是為了自己能被同等相待。

從小，父親對我們的禮貌教育就格外重視，只要沒把「請」、「謝謝」或「對不起」掛在嘴邊，就可能挨罵甚至挨打；就連講電話都強調電話禮儀（大概是「喂，您好！這裡是X家，請問您找哪位？」這類公務人員式的冗長問候語）。印象最深刻的是某個禮拜六，學校只上半天課，所以我早早就回到家，這時爸爸突然從公司打來，而我接起之後，想都沒想就直接回：「喂？找誰？」……結果居然被爸爸狠狠罵了一頓！每當和同學說起這件事，他們都會投以一種憐憫的眼神，很長一段時間我也極度厭惡家裡的種種規矩。

一直到我大學推甄面試那天，臨走前主考官突然誇讚我的禮儀，我才意識到自己確實比同年紀的人更重視禮節。而這點隨著一路成長，感受越來越明顯，面對老闆、主管、客戶時都更知道該如何應對（其實就是言談間加入一堆有禮貌的冗言贅字啦！）。反之，如果遇到毫無禮貌的人，我確實會感到不舒服！所以我從那個時候開始，就養成了「你怎麼對我，我就怎麼對你」的生活態度，不只平輩之間，就算是和長輩（或年紀比我長的人）說話，我都會視對方是否有禮貌，來決定我和他說話的態度。

有件事令我印象非常深刻。先前替老家整修水池的時候，因為我人不在，只好請家人協助。原本與修水池的老闆約了兩天後的上午去老家整修，結果家人突然告知有事，必須改成下午，於是我立刻傳訊息跟老闆更改時間。到了約好的當天傍晚，我傳訊息和老闆勘查狀況，他回覆：「今天下午太多事了，沒時間過去，明早有人嗎？」我緊接著回：「應該有，但你沒過去，禮貌上是否應該先通知我一聲呢？」沒想到他立刻反問：「原本約早上，為何改下午？」我按捺著脾氣，再回：「因為家人臨時有事，而我也在第一時間告知你，你也答應我了，那麼你因事無法如期前往，是否也應該先告知呢？」

結果，無禮的他居然拋出一句：「我還要去嗎？」無法訊息溝通，我只好直接打電話給他，沒想到電話一接起來，老闆劈頭就問：「你憑什麼說我沒禮貌？」我壓抑著怒氣回道：「我是說『禮貌上』應該通知我，而非說你沒禮貌！」接著他一連串跳針要我解釋為什麼可以批評他沒有禮貌，此時我也按捺不住怒火了，冷冷地回答：「做人處事最基本的道理是互相尊重，既然無法按照約定履行，就應該盡量提前告知對方，這才是有禮貌的行為，所以我說『禮貌上』你應該先告知我，請問錯在哪裡？老闆你年紀也大我不只一輪了吧？怎麼這道理我懂你不懂？然後被旁人糾正的時候非但沒有反省檢討的能力，反倒怪罪他人對你的指責是否恰當？你不覺得自己這麼多年來都白活了嗎？時間不會等人，所以你每天都在變老，但變老並非成長，只能叫虛度！」

他氣得二話不說就把電話掛斷，我又補了一則訊息：「你確實一點禮貌都沒有。」

這個經驗透露了一件有趣的事，水池老闆看來很介意別人說他沒禮貌，可是他介意歸介意，落實到生活中，自己的應對進退居然都毫無禮貌可言！說穿了，他只是拿著禮貌為旗號，倚老賣老罷了。但偏偏**我決定是否尊重一個人不是看年紀，畢竟年紀不過是時間堆疊的成果，未必有價值**。

而且，就算親如伴侶、父母、手足之間的相處，我也始終維持著這些習慣。儘管我朋友總覺得我對家人說：「不好意思，我想請爸爸幫我一件事情」或是「老公，我可以麻煩你替我做一件事情嗎？謝謝！」這種語法太過艱澀生硬，但其實我和家人的親暱程度，是遠比很多人還要親的。

我其實同樣討厭繁文縟節，也未必認同禮多人不怪這句話，畢竟過頭的禮貌其實挺煩人的（但也確實很難被怪罪），所以我一直秉持著，人與人的相處是需要基本的尊重與禮儀，沒有人喜歡被無禮對待。反之，如果有人用無禮的態度對我，經過一兩次的提醒無效之後，我就會收起禮貌，畢竟**禮貌也不是理所應當，那是我壓抑了個人的天性去換來的社會化結果，也是挺珍貴的！**

還是希望大家可以多一點禮貌去處事，不是為了什麼世界和平，而是為了自己能被同等對待。所以反之，不要無上限地包容那些沒禮貌的人，因為這些包容都可能讓他誤以為，有沒有禮貌一點都不重要！面對沒禮貌的人，就毫不客氣地成為他的鐵板，踢久了他就學乖了，社會也能因此進步。

寧做直白婊，不做綠茶婊

如果你不喜歡過著犧牲自我、
換取輕鬆但委屈的生活，那或許你可以逼自己一把，
有時候不是沒有「做自己」的可能性，
只是答案也許在翻過眼前這座山丘的後頭。

「要勇敢地做自己！」這是一句很常聽到的話，也是我很常掛在嘴邊的話，但究竟「做自己」需要多勇敢呢？

我是在鄉下長大的孩子，小時候家門外的馬路兩旁就是水田，田裡有一隻隻的水牛跟白鷺鷥。村子裡的小孩幾乎長著一張一樣的臉，至少在

我現在模糊的記憶裡，他們看起來真的一模一樣！穿著類似的衣服、看著《七龍珠》和其他我叫不出名字的卡通、反芻著同一個從學校聽來的無聊玩笑；而我則是一直格格不入地活在自己的天馬行空中，因為早在我認識「做自己」這三個字之前，我就已經開始做自己了。

我媽經常抱怨，我在幼稚園的時候就會把自己的衣服剪破，只因我覺得那些衣服穿起來很醜。起初我會把它們藏起來，但總是會被大人找到，所以我索性將它剪爛，以確保不會再穿到我身上。現在回想童年時光，原來我對每一件事情早就有了自己的看法，校外教學大家都拿著魚飼料專注餵魚時，我卻是將棒狀飼料罐喬裝麥克風，站上亞歌花園的舞台上唱歌。從國小開始，我毫不隱藏陰柔特質，加上直言不諱、口無遮攔的個性，便經常招來同儕討厭，起初只是言語上的嘲弄，漸漸轉變成身體上的欺凌……

國中導師曾經在我的週記上寫下：「你是一個特立獨行的人，喜歡你這些特質的人會很喜歡你，但相對的，討厭你的人也會很多。」

其實老師的用意似乎是要我學會圓融，但我卻更肯定我必須做自己！因為我不在乎那些討厭我的人，我想要留住那些喜歡我特質的人！

在成長過程中，我常常開玩笑說自己是一隻刺蝟，不是因為我天生帶了很多刺，而是很多冷箭默默地會插到我的背上，久而久之看起來就像一隻刺蝟般地活著。其實去迎合大環境，做個討喜又可愛的人會讓生活簡單很多，這樣的道理我非常懂，加上從小我家教非常嚴格，對長輩甚至平輩都被要求使用敬語，家族間的長輩又特別多，這些好孩子的規則我也算熟能生巧；但可能也是個性使然，只要一遇到讓我不認同的事，就會瞬間釋放自己的天性，講出心中最直白想講的話！

曾經有個同學跟我私下吵了架，結果隔天卻開始到處哭訴，散布不實謠言，我知道以後簡直氣炸，於是再也不忍了，不管三七二十一就當著全班的面和他攤牌。沒想到，他仍擺出裝可憐的姿態，使勁地灑眼淚，一氣之下我便賞了他巴掌（暴力行為不可學XD），雖然解氣，但也背上了「潑婦」的罵名。後來我告訴自己：「寧做直白婊，不做綠茶婊」，畢竟討厭我的人已經很多，我也理解我在他們眼裡就是個伶牙俐齒的Bitch，所以為自己發明了一個「直白婊」的稱號，這是相較於「綠茶婊」所衍生的新稱謂，除了是一種自嘲，也是給討厭我的人一個警告：既然我已經認定自己「婊」，那我做出什麼事情也都在可預料的範圍內，你們最好不要來惹我。

印象最深刻的是我高三畢業後的暑假，爸爸一位在中央任職高階警官的好友來家裡作客，連爺爺都對他禮遇有加。記得當天他問了我考上什麼學校，我回答「世新廣電」後，他居然訕笑地脫口說出：「那你應該已經開始準備重考了吧？」

聽到這話我的臉瞬間垮了下來，連爸爸都察覺狀況不對，試圖要幫我接話，沒想到我搶先吐出一句：「你少狗眼看人低！」爸爸出言制止，我又順勢追嗆：「我也不想和他講話，難道我能期待他那張嘴吐得出象牙來嗎？狗嘴！」最後我被罰跪了好久好久，但心裡卻有種透心涼的暢快！總覺得至少我很對得起自己的臉面，不讓對方稱心如意。

現在回頭看來，這已經是十幾年前的事了，很佩服十八歲時候的我有勇氣替自己平反。可是這幾年再仔細想想，往後我見到那個長輩，他總是以一種輕蔑的眼神看我，彷彿我就是個不懂禮貌的黃毛丫頭，但他仍身居高位，過年過節人馬雜沓地去阿諛奉承他，甚至他也過著隨心所欲、暢所欲言的生活。或許從某種觀點來說，他也是個直白婊，而且是最高境界的那種；經常目睹他順口人身攻擊了某個人，而對方卻笑著自嘲！

於是我懂了！如果我只是一味如戰神般遇神殺神、遇鬼殺鬼，頂了天不過是個天生脾氣暴的宮女；但**倘若我的行為舉止優雅、說話有條有理，而當有人要侵犯我的時候，又能強勢反擊，那我才是真正不怒而威的皇后娘娘！**從那之後，我放棄口舌之快的暢所欲言，反而開始勤加練習，面對找自己麻煩的人，如何在言談間築起高牆，讓自己站到比對方更高的位置向下睥睨。因為這樣，促使我越來越冷靜，卻也越發不好惹！我常說我要「氣質起來像張曼玉，發起瘋來像苗可麗」，關鍵就在於「創造差距」。平日裡都是溫良恭儉讓的好人，客客氣氣、禮禮貌貌的，卻能在受到欺負的下一秒瞬間翻臉，讓對方措手不及、難以防範！

「要勇敢地做自己！」，這是一句很常聽到的話，也是我很常掛在嘴邊的話。做自己真的很難，這三十年來我遇到過太多質疑，甚至很多是來自於自己。但是當你找到做自己又不冒犯別人（沒有惹到你的人）的方法，你會活得更自在。**如果你不喜歡過著犧牲自我、換取輕鬆但委屈的生活，那或許你可以逼自己一把；有時候不是沒有「做自己」的可能性，只是答案也許在翻過眼前這座山丘的後頭。**

對你嚴厲挑錯，並不是真的討厭你

只有強勢和伶牙俐齒遠遠不夠，
最重要的還是提升自己的工作效率、
降低出包的機率以及加速處理危機的能力，
否則只是一個討人厭、到處罵人的潑婦。

我在服裝公司上班的時候，當時部門的其中一個工作是負責管理樣衣（註：服裝打樣的衣服），而其他部門要借用樣衣都會找我們拿，但經常發生有人直接取走，沒有照規定填寫樣衣借用登記表的狀況。所以當我們找不到衣服時，就會開始詢問其他部門；不過最尷尬的就是，萬一最後被發現衣服其實沒人拿，而是我們疏忽，落在樣衣間的某個地方，就會被其他部門罵死。

我剛開始接手管理樣衣工作時，部門來了一位新同事，這位同事工作雖然積極，卻是個急性子，經常找不到樣衣就跑來跟我說一定是被某某部門拿走，甚至直接打電話和設計助理要衣服（由於我們公司的核心部門是設計部，所以即使是小小助理都不能輕易得罪！他們就像養心殿，而我們只是碎玉軒），在那當下，我立刻把電話搶過來掛斷，因為我記得那件衣服前一天還有用到，明明就和另一件外套掛在一起。

於是我直接問她：「你確定都找了？」

她很肯定且自信地說：「都找了！整間都找遍了！一定是某某助理拿

走的！她前幾天有用！」

我問：「那如果讓我找到怎麼辦？」

她還是肯定地說：「不可能！每一桿我都找過了！」

我深吸一口氣：「好！那如果讓我找到，是不是我賞你巴掌賞到死為止？！」

由於說出這句話的時候太過鏗鏘有力，以至於全部門的人都停下手邊工作，目瞪口呆地看向我，這時我主管忍不住發話：「你幹嘛要嚇她啦！」

我也立刻轉頭對主管說：「如果衣服在設計部那邊也就罷了，但如果最後又是在我們這邊，是不是再次讓設計部找理由給你這個主管洗一次臉？」

說完我直接走進樣衣間，翻開其中一桿的某件外套，果不其然就看見那件衣服。我舉起衣架大喊：「它就在這裡！！！」此時所有人都看向主管，那位同事也哭喪著臉問主管該怎麼辦，而主管居然默默坐下，冷冷地吐出一句：「那你還是被他賞巴掌賞到死吧……」當然，我沒有賞她巴掌。

現在回想起來，剛出社會那幾年，我對待工作真的非常嚴厲，不管是對主管還是同事都一樣。這整件事讓我生氣的點，其實是因為新同事非常篤定她確認過，然而在我看來並沒有確實檢查，最後也證實如此；我個人很忌諱這類的事情，就像沒有試過、努力過，就直接說「不行」或「不會」，是一樣的討厭！

由於公司氣氛一直都處在緊張狀態下，每一季要管理四百多件樣衣，和其他部門的人要維持友好關係，又要守住自己的底限與立場，因此隨意誣賴他人的事情絕對要避免，否則容易使整個部門的公信力下降。曾經就因為這類的事情，兩個部門有了齟齬，被誣賴的設計助理下樓找衣服，結果真的在我們這邊找到，對方當場指著我們主管大罵，而我們主管也因為覺得理虧，默默被洗了一把臉，整個部門甚至為此被酸了好一陣子……

也許因為我任職的第一間公司保守又傳統，又或者受到太多前輩耳提面命職場的險惡與眉角，我一直想以強勢的姿態在職場立足！總覺得比起明哲保身、委曲求全的生存之道，我更適合還手後才被痛毆一頓。但我也相信，久了我就真的會變得強大！也許就是這樣的想法，讓我經常在職場上說出驚天動地的狠台詞。不過我後來也發現，**只有強勢和伶牙**

俐齒遠遠不夠，最重要的還是提升自己的工作效率、降低出包的機率以及加速處理危機的能力，否則只是一個討人厭、到處罵人的潑婦。

話又說回來，其實我覺得我同事確實滿可憐的，跟我一起共事的時候，我一直都對她很嚴厲。這並非討厭她，純粹是覺得工作已經夠忙了，沒時間再替別人擦屁股，所以要在事情發生前，先防範於未然！但我總認為，出錯了寧可是被自己部門的人關起門來罵，也不要傻傻看著同事做錯，還讓她自己去面對其他部門的冷嘲熱諷。

看到這邊，如果你的處境類似我那位同事，有個對你很嚴厲的主管或前輩，在你做錯事時，會對你很兇，或許他並沒惡意（當然也不排除他天生脾氣差，或是真的看你不順眼，所以請學著分辨，若真的被欺負，不要只是默默忍受）。以我個人的經驗來看，被自己的主管、前輩挑錯或責罵，他或許並不是因為討厭你，相反地，可能是在救你。畢竟在職場上要收拾一個討厭的人，最好的方法是「借刀殺人」，不需要花時間罵人或挑錯，直接眼睜睜地看著你犯錯，然後再笑著跟你招手說再見，也許這樣很快就可以再也不見囉～

嘴有多壞，人生就有多可悲

面對攻擊我做不到一味隱忍，
甚至不斷在提升自己的戰鬥力，
讓那些來踩我的人知難而退。
可是這些都是用來防身，而不是恣意噴人的！

做為 YouTuber 最常被問到的問題就是：「如何看待酸民？」

之前我有分析過，以現有的創作平台來看，最多也最惡毒的酸民留言幾乎都在 YouTube（撇除 PTT 和 Dcard 等論壇不說的話），相較於臉書和 IG 多少會透露個人資訊，匿名的社群平台使用者更會肆無忌憚發表攻擊言論，大概是因為隱形能使人生出勇氣，就像電影《透明人》一樣（美國電影：講述男主角意外變成透明人之後，做出各種平時不敢做的事，甚至為非作歹的情節）。惡毒的酸民，在日常生活中可能、甚至是沉默寡言或賢良淑德的人！

而我個人是如何看待酸民的呢？大概是成長過程中，承受的攻擊多了，漸漸對惡毒的話有些免疫，但不論再怎麼免疫，或多或少會讓身心靈產生一些負擔。

所以為了自己身心靈的健康著想，我並不會默不吭聲，和我做人的道理一樣：「你怎麼對我，我就怎麼對你」。如果遇到言語失當的人來踩我，不論對方是否有心，我都會毫不保留地反擊，除了讓對方知道我不會默默承受他的評論外，更是為了讓自己的內心好受。否則一味被別人亂罵，他爽了我卻要難受，對方還不必負責任，根本不合理，也太不人道！

當然會有很多人認為，我這種以牙還牙的做法，和對方有什麼區別？或許反擊不是最高明的做法，但對方往往都低級到我不值得用高明手段來應對（或者太過高明，反而陽春白雪，對牛彈琴）。

做為一個法治社會的公民，我們務必保護自己，不讓說出去的話變成對方告你的證據！所以我喜歡用「教育」的方式回應對方，而且是傳統的上對下去教育他，不管他舒不舒服，我的目的也是讓他感到不舒服。**人最怕被貶低和瞧不起，所以反擊未必是言語上的勝利，態度更為重要。既然改變不了酸民對你的厭惡，那不如率先立下這道牆，任憑他怎麼討厭，你站在牆上往下看，他將顯得渺小而可悲。**

也許現實生活中我們無法輕易改變自己的社會地位，因為這確實是個不平等的世界，但至少在內心我們有權築起自己的高牆和象牙塔，透過發掘對方的缺點，甚至只是想像對方的缺點，都有助於你建立自信。當你的內在建立好了以後，你會變得更容易抵擋這些攻擊！甚至不用反擊，你已經說服自己勝利了。

分享個有點腹黑的經驗。某天早上起床，在一支我扮貴妃娘娘的影片底下，看到一則酸我長相恐怖的留言。由於是臉書，所以我能立刻連結到他的個人頁面，原本有點生氣的我，在看到他的大頭照之後，不只我的氣全消，還必須不斷掐著大腿忍住不要回他，因為各種可以用來打他臉的話如噴泉般湧現！

霎時間我明白了，這些人攻擊別人的時候並不會先照鏡子，他們可以毫不顧慮自己的長相，就去攻擊別人的樣貌，其實這位酸民還是挺勇敢的，換作是我長那樣，打死都不會去罵別人外表恐怖！人有權利說自己想說的話，但那些一說出口就會立刻打臉自己的言語，怎麼膽敢說出口？

坦白說，以惡毒的言論攻擊他人我不是不會，這麼多年來，我聽過這麼多難聽的話，也比一般人更了解什麼話可以直戳要害。

我既然能夠鼓勵人、幫助他人建立自信心，自然也能夠摧毀別人的信心，只需要把那些振奮人心的勵志名言都反過來講，就可以變成惡毒的攻擊。就像「每個人生來都有意義！不要看輕自己」這樣一句激勵人心的話，反過來說就是「每個人的出生不過是生物繁衍後代的結果，和豬狗沒有不同，不必太把自己當回事！」

只是仔細想想，做人為什麼要那麼惡毒？到底有什麼意義？**縱使我再怎麼能說善道，這世界永遠有比我更牙尖嘴利的人；要知道，嘴賤和說**

話厲害那完全是兩回事。

我真的很佩服那些高情商的人，他們受到攻擊還是可以默不做聲，彷彿罵他的都與他無關，天知道那需要多大的心去乘載這些負能量！但我做不到一味隱忍，甚至不斷在提升自己的戰鬥力，讓那些來踩我的人知難而退。可是這些都是用來防身，而不是恣意噴人的。

每個人在成長的路上，或多或少要經歷挫折，如果對自己的人生有什麼不滿，理應多花時間在自己身上，讓自己朝理想靠近，而不是看誰不滿就張嘴咬誰。畢竟隨口說些什麼去傷害人的這種能力，人人都有，沒什麼值得拿出來顯擺的；尤其那種躲在螢幕後面不敢正面對決的人，你不自覺，我都替你感到可悲。

與其盼望別人死，不如自己好好活

對於傷害與憎惡，
最好在腦中殺他一千遍後就真的拋諸腦後，
不要讓那些憤恨成為拖住腳步的桎梏，
牽絆本該跑在敵手前面的人生。

大家會不會常常有這種感覺，就是面對討厭的那個人，即便你在腦海裡殺死他一百次，現實生活中的他，依然過得順風順水，就算你看了恨得牙癢癢，卻也無可奈何，甚至還要對他以禮相待！

曾經參加過一場婚禮，是一位德高望重的長輩家娶媳婦，不過那場婚宴不意外地成為他自己的事蹟表揚大會，連新人和親家都識相地講了兩句話後就將麥克風交還給他。而整場婚宴不外乎是要告訴大家，他事業有成，子孫滿堂，日子過得平安喜樂。

正當我回憶這場荒謬的婚禮，暗自覺得人生很不公平的時候，突然收到一則「捅肛門有那麼爽嗎？噁心的同性戀，去死吧！」的留言，我直接回覆他：「工欲善其事，必先利其器，男同性戀們可是很懂怎麼清潔自己的，極有可能男同性戀的肛門，比起很多人，也包括你的嘴巴都要乾淨！」（在這邊也順便回覆那些老是批評男同志性行為的人，更別提很多異性戀也嘗試過肛交的行為，肛交只是性行為的一種，並非男同志的專利，別太把自己以管窺天的結果公諸於世）。回完這則留言後，我瞬間得出一個結論——**我們討厭一個人，甚至希望他過得不好，這都是主觀地以「我」為出發點去討厭或詛咒對方，但很可能他在他的世界裡**

仍然受人愛戴。

說實話，在二〇一八年愛家公投通過的那時候，我的內心對社會充滿了憤恨，那些過往，曾被歧視、霸凌的仇恨統統混雜著愛家公投通過的消息吞噬著自己；我無數次在腦海裡幻想護家盟的教堂屋頂垮下來的場景，鉅細靡遺地想像著那些歧視者家破人亡的模樣。

但就像我時不時會收到那些「希望你去死」的留言一樣，顯然我在某些人的眼裡就是個討人厭、甚至需要讓他詛咒「去死」的對象。但我換個角度想，如果「我死」是那些人的願望，那不好意思，我肯定要活得好好的，怎樣都不想遂了他們的心願！所以反過來想，那些我討厭卻活得很好的人，也是有著同樣的想法吧？

我某天看到一篇漫畫在說「有些人要變成過去，就必須在腦中虐他個千百回才過得去。」我前面舉的例子是無關緊要的路人，純粹討厭我的身分而對我做出惡毒的詛咒；但有很多時候，會討厭一個人到需要詛咒他，是因為傷得太深了！而那些傷害我們的人，也許對他來說沒什麼，但對於被傷害了的我們來說，「放下」才沒有想像中的簡單，要花很多力氣才能代謝這些痛苦，甚至需要一直靠著詛咒與怨恨才能繼續往前走。

可偏偏現實就是這麼殘酷，也許受了傷之後的人，日子越過越差，而那些傷害了我還一笑而過的人，卻繼續往他的美好人生邁進。畢竟我們很難掌握他人的命運，也不太可能像電視劇主角那樣，突然獲得貴人幫助，併購了仇人的公司還將他踢出去，最後過上幸福快樂的日子；因此**與其無謂妄想，倒不如踏實地過好眼下自己的生活**。

舉蔡依林為例，在她發布〈怪美的 UGLY BEAUTY〉MV後，很多人大讚她與過去的自己和解，甚至向那些曾經抨擊她的人做了完美的復仇——姊過得比你們想像得都好！儘管還是看到某些人說蔡依林不夠大器，居然倡導反擊而非放下，但這些言論，才真的是我見過最偽善的言論。或許他們很幸運，未曾經歷過巨大的傷害，所以放下對他們來說是輕而易舉的事；更或許，說這些話的人都曾是霸凌蔡依林的群眾。

這幾年的蔡依林是我最欽佩的人之一！其實早在她出道時我就開始聽她的歌，到後來她成為媒體與酸民攻擊的對象，連我自己都曾經在她抄襲濱崎步的新聞出來後，留言踩了她一腳。但是蔡依林沒有被群眾的霸凌擊垮，依然專注於自我成長與提升，經營好自己的事業；最後她找到自己的定位與方向，以真正自由的模樣呈現在大家眼前。雖然不知道她是怎麼走過來的，但這一路肯定少不了滿腔的憤怒需要代謝。

不知道從什麼時候開始體悟到自己的存在很渺小，凡事都繞著自己轉真的是一種自欺欺人。你越是期望發生的事情，往往越是一廂情願，即便現在的我還是會有很多期望，不管是想像自己中了頭彩或是得到死亡筆記本，但我也理解那不過是讓自己好過一點的空想，但若是讓這些想法在腦中太久，反而會漸漸啃蝕自己往前走的動力。

與其盼望別人死，不如自己好好活。**對於傷害與憎惡，最好在腦中殺他一千遍後就真的拋諸腦後，不要讓那些憤恨成為拖住腳步的桎梏，牽絆本該跑在敵手前面的人生。**

斷開情緒勒索，「家人」不該被無限上綱

遇到渣父渣母或渣兒渣女，
難道也要把自己的一生都賠進去嗎？
適當地停損並保持距離，
才能保護自己與這段關係。

人際關係題裡，家人恐怕是最難有正確答案的一題。

經常有朋友或網友來向我傾訴他們與家人間發生的問題，不知道是不是因為我的形象一直是與家人保持良好距離的關係，很多人甚至是掏心掏肺地告訴我他最內心深處的想法，而我總是默默地聽完後，選擇不告

訴他具體要怎麼做。畢竟「家人」對很多人而言，都不像情人或朋友一樣能直接割捨，所以當對方越將我視為救命稻草，我就越不輕易給他答案；取而代之的是，我會試著提供我的角度讓對方有其他出口。

我聽過好多讓我感到無助的故事，印象最深刻的是一位認識多年的好友A，他很年輕就創業並且做得挺成功，卻也因此被視為是家中最需要承擔責任的人。包括長年臥病的爺爺奶奶、身體差卻又講不聽繼續喝酒的爸爸，還有家中的房貸都要他不斷拿錢出來支付；而結了婚的哥哥與姊姊們，都以需要負擔各自家計為由，要單身又事業有成的他多擔待一點。

有一年，他爸爸第三度中風，但當時他正值新的店面開幕，手上現金剛投進去，所以他打給我希望我能給他一些幫助。因為很清楚知道他不會輕易開口，所以我評估了一下就答應了，那陣子我有空就會去看看他，看他蠟燭兩頭燒地往返老家與台北，還要管好自己的事業。一個矮矮的男孩，卻承擔了整個家的重量，更別說其他親戚五花八門的「為你好」，或甚至指責他哪裡應該做得更好，身為一個旁觀者我都感到憤怒甚至是絕望，卻說不出什麼安慰的話。

後來，他纏綿病榻的爺爺走了，爸爸也在不久後離世，我抽空去找他吃飯時，看著他整個人狀態都不好，我還在想該從何問候，他先淡淡地說了一句：「兩個走了，只剩一個，太好了。」我沒忍住地哭了出來，並緊緊抱住A。

還有終於逃離被爸爸家暴的家庭，卻被親戚數落並情緒勒索「好歹他是你爸爸」的B；以及父母一邊拿錢買股票，一邊對其他親戚哭窮沒錢看病，而被親戚數落不孝的C；甚至也有某位年邁的長輩D，她的小兒子反覆出入監獄，年近四十依然繼續啃老，甚至因為要不到錢而放火燒了老家，結果把自己燒傷後，D還繼續痛苦地照顧他……令人無奈的爛事已經太多了，卻還要承受名為「家人」的情緒勒索，或許是因為這樣，才有這麼多人受困。

每當這些人來向我訴苦時，我只能默默當他們的聆聽者，並送他一段話：「家人，是互相在意與體諒的人，否則只是生在同一家的人。」這是我在成長過程中逐漸提煉出的心得。生在鄉下的大家庭裡，隔三差五就要練習面對情緒勒索，後來才發現，情緒勒索只對在意的人起作用，如果能看清楚家人的真諦、盡自己的義務，但不要把心交給對方，或許就能從這些道德泥淖中掙脫。

在愛情裡我們會反覆學習不要把自己交給渣男渣女，其實家人的關係也一樣。**若家人是渣父渣母或渣兒渣女，難道也要把自己的一生都賠進去嗎？彼此間的責任與義務不該因為是「家人」而無限上綱，適當地停**

損並保持良好的距離，才能保護自己與這段關係。

至於那些渣親戚，他們是什麼東西？？？你如果不會在乎路人說的廢話，就不用在乎他們說的話。

有很長一段時間我選擇和家人保持距離，是為了避免自己再次受傷。而在這段時間裡，我們就真的只是「生在同一個家裡的人」，彼此盡彼此的責任與義務，起初我心裡很難受，甚至羨慕影集裡和樂融融的大家庭，直到我參透了家人的真正意義，同時也正式地經濟獨立後，我才開始重新反思與每個人的關係，甚至進行關係的修補。

這也是我和父親和解的一大契機，變得更成熟的我，開始學習同理父親的處境與成長背景，甚至主動與他溝通我的價值觀，進而發現他是願意反過來體諒我的人。更讓我確信，我們生而成為父子，卻因為互相理解而成為家人。當然我們也會起爭執，但是我們都不會用傷害對方的方式去解決問題，也是因為這樣，才讓我想通了為什麼很多家人都能輕易無視我的感受，因為他們只是用「家人」的名義在獲取他們要的東西罷了。

所以，不在乎我感受的人，我也可以不需要在乎他們。

時至今日，還是會有親友以各種道德與情緒來勒索我，比起年輕時的忿忿不平，現在我選擇一笑置之，因為我知道不管怎麼做都會有人有意見，那我只需要反問我自己是不是無愧於心就好。儘管這樣的想法令人感到冷酷，但實際上我認為這是成熟且理智的做法。**越是感情面的東西反而越要理性看待，很多看似無法解決的事情，卻是可以轉念思考的，有時放過自己才能好好活下去。**

也奉勸那些善用情緒勒索的人，當你因為耗盡了在乎你的人而變得一無所有時，不必覺得自己可憐，因為這就是你求仁得仁、咎由自取的結果。

接納不同立場，把自己的心敞開

做為一個老直男，
對爸爸來說我有太多與他價值觀相反的事情，
因此無意間的言語冒犯我也逐漸視為正常，
誠如他接納我一樣，我也在學習接納他。

我喜歡的作品有很多，不管是戲劇、音樂還是文學作品，有些甚至提供了我解決人生難題的答案。其中有一部美國長壽影集《摩登家庭》更是我人生第一名的愛劇！並不是說它的好看程度無人能及，而是它幾乎為我人生好幾個不同岔路，都提供很好的方向；所以預計要寫這本書的時候，我就決定一定要有個篇章留給這部影集！

《Modern Family 摩登家庭》是一部長達十一季的美國影集，內容主要是描述三個家庭的故事。分別是六十多歲的中小企業老闆 Jay 娶了年輕單親媽媽 Gloria、女兒 Claire 一家五口、兒子 Mitchell 與同志伴侶 Cam 以及他們領養的一個越南女嬰，充滿各種差異的一群人，在成長過程中互相學習接納彼此與調整自我的故事。這聽起來是很正面積極的劇情，但事實上卻是用各種幽默的戲劇張力，去呈現日常生活的喜劇。內容也不乏各種很賤的美式幽默，加上偽紀錄片的形式（註：以紀錄片的手法呈現，但劇情皆為事先安排的戲劇類型），讓整部戲更加貼近人生，會讓觀眾有一種跟著劇中人物成長的感覺，彷彿在看自己親戚朋友的故事。

我曾經推薦給很多朋友看，起初大家聽到這是「家庭劇」或「偽紀錄片」都露出了不感興趣的表情，但不少人看了之後給我的反饋都是非常喜歡！甚至很多人跟我一樣，在劇中不同人物身上看到了自己的影子，看著他們遭遇的問題，就像在看自己人生中的每個課題。

也是因為這部劇，才讓我勇敢踏出與爸爸關係修復的第一步。在劇中 Jay 是一個六十幾歲的老直男，大概就是會支持川普的那種中小型企業老闆，而他的兒子 Mitchell 則是一個年約四十的男同志，他們父子倆在相處的過程中，充滿了矛盾與不理解，儘管沒有太多正面衝突，卻也互相感到尷尬甚至虧欠，這簡直就是我跟我爸爸的關係！

讓我印象最深刻的是第一季的十八集，Jay 與 Mitchell 父子倆約好要去觀星，但 Jay 卻帶上了他的繼子 Manny，甚至在整個過程中兩人宛如親生父子般，沆瀣一氣地在捉弄 Mitchell，這讓 Mitchell 感到相當不開心，甚至想提早離開。這時 Jay 才私下告訴 Mitchell 真相：「因為

Manny在學校被同學排擠，心情不好」，所以才想帶他出門散心，並且覺得Mitchell能處理得比他這個繼父更好。

於是，Mitchell去找了Manny聊聊，他告訴Manny自己學生時期也是同學眼中的怪胎：「長大有一個好處，小時候大家都害怕跟別人不一樣，但忽然之間，大家突然都希望自己能與眾不同，而那時我們就贏了！」這段話像是一塊我一直在尋找的拼圖，就這樣填補了我心裡對於過往的怨懟，並且很慶幸一直以來我都是與眾不同的，也讓我從那之後的十年，都繼續一如既往不怕與眾不同地做我自己。

而對於Jay而言，Manny是他再一次為人父的機會，畢竟年輕時候的他都在打拚事業，沒有時間與耐心好好與他的孩子相處。另一方面則是Mitchell看到爸爸對繼子比自己更好而吃醋，他們父子倆在相處了四十年後，才開始學習更進一步地彼此理解。看完了第一季之後，我鼓起勇氣打電話約了我爸爸吃飯，那也是我出櫃後第一次單獨跟爸爸相處，我很慶幸我做了這件事，因為就是從那天開始，我發現原來我爸爸是願意為了愛而改變的人！

不同於很多同志電影演的那樣，親子關係可以在一個事件中爆發衝突然後和解，從此就盡釋前嫌過著幸福美滿的生活，《摩登家庭》更貼近真實人生，這對父子的關係是透過生活中的互動逐漸改變的；在第五季（也就是五年後）Mitchell 決定要與伴侶登記結婚，並且舉辦盛大的婚禮，卻在籌備婚禮時出現了各種意外，而 Jay 就隨口說了：「或許是老天爺在暗示你們同志婚禮要低調一點。」這番話立刻點燃了父子倆的衝突，也讓 Jay 說出了一連串的心裡話：「好吧！我承認這整個婚禮我都覺得很古怪，為什麼只有你可以真實地做自己，而我卻不行？我也不希望我自己不能接受這些，但我生來就是如此！」兩人一直到婚禮前都沒再說過話。

我爸爸其實也跟 Jay 一樣，儘管他的心裡已經接納了大部分的我，但做為一個老直男，這個孩子有太多與他價值觀相反的事情，因此無意間的言語冒犯我也逐漸視為正常，誠如他接納我一樣，我也在學習接納他。

除了 Mitchell 跟 Jay 這對父子之外，這部戲還有很多不同家庭成員，他們都各自有自己的功課。像是我最喜歡的角色 Claire，她是 Jay 的女兒，也是 Mitchell 的姊姊，有趣的是，其實我的個性跟 Claire 更接近，她是個自信滿滿卻又有很多自我質疑的女強人，所以這對姊弟與家庭的關係，給了我很多啟發。

還有像是 Claire 的二女兒 Alex，她是個奮發向上的天才女孩，做為這一家五口最聰明的女孩，卻一直給自己很多莫名的壓力，包括認為自己應該取得更好的成績、有義務照顧家裡的人等等。讓我印象最深刻的是第五季的第十二集，家人們幫 Alex 慶生，但她滿腦子在擔心考大學的事，結果壓力之下竟然崩潰到拿蛋糕砸自己的臉，當家人們都還不知該如何應對她的崩潰時，她卻在隔天早上自己預約好了心理醫師，並且叫父母不必擔心，她可以自己去看醫生，成熟到令人來不及心疼。

看醫生的過程 Alex 都一如往常的冷靜，即便透露了家裡人都不了解她令她感到孤單，但還是沒有表現太多情緒；而剛好同一天是她們學校的家長參觀日，結束參觀後媽媽 Claire 順道去心理醫師那邊接她，Alex 見到媽媽只是輕鬆地說自己會持續接受治療，並問媽媽參觀日過得如何，然後 Claire 就滔滔不絕說著剛剛那兩個小時內她感受到無比的壓力，自己竟然都不知道女兒經歷了這麼多壓力，結果下一秒，Alex 像是小女孩一樣緊抱住媽媽大哭了起來；儘管 Claire 不太清楚發生了什麼事，但她還是輕輕親吻了她的頭。

當我看到 Alex 的時候，立刻想到了我妹妹 Anya。妹妹和我有著截然不同的個性，她總是乖巧又負責任地做好每件事，並且一直在試圖完成大家對她的期待，卻也常常讓自己陷入過大的壓力，甚至崩潰之中。於是當我看完這集，我跑去緊緊擁抱了她，讓她知道就算我們未必能跟她一樣，但至少我們的心是對她敞開的。

由於我本身就是生活在大家庭裡的孩子，所以對於道德綁架、情緒勒索這類的事情並不陌生而且相當排斥，偏偏很多的「家庭劇」也都是用高道德標準去勸世，好像政治正確才是正確的「家庭價值觀」，但我偏不買單。而我之所以喜歡《摩登家庭》，正是因為它有很多的可能性與不完美，而且編劇厲害到不行，常常在同一集裡面，把同一個概念或一件事，透過不同角色去傳遞相異的價值觀；從這部劇反射到現實人生，不管是在家庭或是群體人際裡，面對觀點差異甚遠的人們，如何擺脫「情緒勒索」的陳舊套路，進一步學習理解與接納，或許更是值得好好深思的部分。

「家人，是互相在意與體諒的人，否則只是生在同一家的人。」

不把自己看得太重要，你才可能變得越來越重要。
感謝我人生中，每一個把我看得重要的人，因為這樣，
我反而在學習重視自己的過程中同時學會謙卑。

小時候的照片中，我最喜歡這張！這個算計人的模樣，根本從小就註定要成為皇后娘娘吧？！

事實上，我不認為算計是一件壞事，因為懂得算計的人，往往是懂得生存的人，只要不是害人，懂得算計其實是一個優勢。

因為愛情

在閃閃發亮的日常細節裡

刻在我心底的名字

這是第一次也是最後一次說給你聽，
感謝你成為我最後一個喜歡的異男；
感謝青春住了你，
更感謝你始終溫柔地善待身為同志的我。

我想幾乎每個男同志心裡都有過一些「異男忘」的故事吧？所謂的「異男忘」就是指男同志喜歡上異性戀男生，而這類的故事往往是沒有結果，甚至傷心收場的。

一直以來都有很多網友私訊希望我聊聊「異男忘」，但我卻總是選擇避開這個話題。畢竟對於男同志喜歡異男我始終是抱著悲觀態度，每當回想起我的生命經驗，都是又傻又讓自己遍體鱗傷……最慘、最印象深刻的是我國中時，喜歡上一個籃球隊學長，甚至發了瘋，鼓起天大的勇氣去向他告白，想當然結果是被拒絕且淪為笑柄，但後來我竟然在運動會當天，又鼓起勇氣拿飲料去給他喝；當他毫不猶豫接過手時，我還沾沾自喜，結果下一秒他卻當眾把那瓶飲料倒在我的頭上……然後我就笑了……有點歇斯底里地大笑，現場的所有人都傻住，我就這樣邊笑邊逃離現場，跑了很遠才開始抱頭痛哭。

即便現在回想起這些事，都依然覺得非常難過，所以我不認為喜歡異男這題我能給大家什麼正面經驗（我指的是喜歡上異男，並且希望他也喜歡上自己這件事，而非單純的和異男發生關係）。但既然決定要寫書了，那也是時候分享另一段刻在我心底深處的故事！

那是發生在我青澀的學生時代，初見他是在學校的走廊，當時我和他不同班，甚至不同樓層，只是偶然路過時，被他陽光的燦笑給吸引。從那之後，我就會故意繞路去他們班，從窗外偷看教室裡坐在最後一排的他，再走回我四樓的教室。

後來我們分到了同一班，開學時我故作從容地和他打招呼，然而他對我說的第一句話卻是：「你不要靠近我！我有聽說你喜歡我的事！我不是gay！」我瞬間面紅耳赤，拉高了音量回嗆：「你會不會太自以為？我喜歡的是隔壁班的L男（代稱），好意跟你打招呼，你這是什麼態度？」結果，他居然出乎我意料地立刻道歉，並且信了我這套說詞，甚至和我當朋友（我到現在還是覺得，他怎麼會這麼單純又善良！），於是我就這樣將計就計地騙所有人我喜歡那位L男兩年多，連我高中的好姊妹都這樣以為（直到現在我也未曾說過這件事，驚訝吧！抱歉，騙了你們十幾年）！

「我應該不曾告訴過你，畢業以後，我第一次去你念書的城市找你時，我們一起去看夜景，結果我說了一句『好冷喔！』，你就把外套脫下來披在我肩上，那個時候，是我這輩子最衝動想告訴你我有多喜歡你的時候！當然為了留住我們的友情，我忍住了那份衝動，只是在騎車回你宿舍的路上，是我唯一一次把你緊緊地抱住。」

至少超過十次，我很想把這些話全都告訴他，但每一次都沒有勇氣說出口。還記得第一次看《女朋友．男朋友》這部電影的時候，當戲裡的陳忠良，藉著醉意深情望著阿仁流淚，我在電影院差點哭到斷氣！一走出電影院，就打了非常長的一封簡訊，最後又存在草稿裡，直到那支手機壞掉了也沒發出去。

我們就這樣當了十幾年的朋友，儘管平時不常聯絡，但他總在我需要幫助的時候義不容辭地現身，不管是剛開始學攝影時陪我上山，又或者我剛創業時撥出假日來當我的助手；各種大大小小的幫忙，卻在我感謝他的時候輕鬆地說一句：「這是直男的浪漫。」我的感受，漸漸從心跳加速，變成了溫暖！

到底從什麼時候開始不再喜歡他了，其實我也記不清楚。但很慶幸這十幾年來我們始終把彼此當成重要的朋友，儘管始終沒有得到我曾經想要的那種喜歡，他卻用他「直男的浪漫」讓我以另一種方式被珍惜，沒有愛情卻比那些都更值得珍惜！

還是有很多人會問我「喜歡上異男」或「喜歡上好朋友」應不應該告白？我的觀點是如果你很想告白的念頭大於承受心碎或失去這段友情的恐懼，那你就去吧！**人生沒有什麼事情是必然的，包括愛一個人卻得不到回應也是。受傷有受傷的好處，暗戀的苦也可能釀成蜂蜜的甜，不管怎麼做選擇，你都會有所失去與獲得，這正是愛情吸引人的地方。**

曾經我也無數次想過，如果我把這些心情都說了，會不會有那麼一點可能，他會喜歡上我？但隨後我又想到假設在一起了，還有更複雜的社會眼光、價值觀以及自我認同需要克服，電影可能給了浪漫的答案，但回到現實生活，身為同志都有這麼多難關要過，若是異男真的喜歡上同志，這樣的情感能跨得過社會的高牆嗎？所以我選擇轉身走回同志圈裡，至少我能找到一個與我有共同目標的人！

國片《刻在你心底的名字》上映時引起了非常廣大的迴響，而進戲院前我一直在想，現在的我還會不會被這些往事觸動？結果到片尾的歌響起時，我都沒有想起這個刻在我心底的名字。我就知道，這些對我來說早已成為故事了，所以才決定像這樣說給大家聽。

「這是第一次也是最後一次說給你聽，感謝你成為我最後一個喜歡的異男，感謝青春住了你，更感謝你始終溫柔地善待身為同志的我，很抱歉我沒有當面告訴你這些，因為以這種方式訴說，已經是我最大的勇氣了，其實希望你看到又希望你不會看到，無論如何，希望我們友情不變。」

「崩潰」之後，失戀也不那麼痛了

「崩潰」就像破壞後的重建一樣，
經過野火燃燒的森林雖然不再完整，
卻也有機會滋長出新芽，
進而綿延一片豐沛綠意。

失戀應該是每個人都曾有過的經驗吧？並不只有和另一半分手才叫做失戀，只要失去一段戀情，就算是單戀或暗戀，也都叫做失戀。

我覺得失戀是人生各種課題中，最難的其中一個！而且它像是大考一樣，不管你考幾次，都會覺得……「怎麼這麼難？！」

我曾經喜歡過一個籃球隊的學長，也清楚這注定是一場不會有結果的戀情，只是沒有想到會遭受來自喜歡的他的羞辱（在異男忘那篇有提到這個故事），而那之後連續幾週，我都像一塊會呼吸的肉一樣在學校裡緩慢移動，甚至拜託老師讓我出公差，只為了躲避人群，然後一個人在資源回收場的垃圾堆旁號啕大哭。現在想想真的好糗，明明只是一場暗戀，在當時卻像天崩地裂一樣。

後來的幾次失戀，也並沒有應付得很好。某次與前男友求復合失敗後，獨自蹲在人群熙攘的夜市口痛哭；和交往六年的男友分分合合好幾次，其中一次是我去中國東北出差，強撐著精神一直忙碌到收工，卻在深夜時輾轉反側，獨自坐在飯店的窗台，望著黑漆漆的鴨綠江，再望向更遠，只有更漆黑的北韓邊境，像是我看不到的未來一樣……當下只覺得自己把生活搞得亂七八糟，於是突然心一狠，就把一隻腳踏出窗台，卻在要踏出第二腳的時候，全身顫抖到無力，然後忍不住放聲大哭，驚醒了與我同行的同事。他看到我整個人有一半在十樓高的窗台外，簡直嚇得腿軟，只能顫抖著試圖要我別跳；在那當下，看著他嚇壞的樣子，我覺得有點內疚又有點滑稽，就突然緩和過來了。

所以每當有人跟我說失戀很痛，他擔心自己走不出來的時候，我都會跟他說：**「失戀本來就很痛，不管是提分手還是被分手的人，只要付出過真心就會痛，但是真的沒關係，因為一定可以走出來的！」**

儘管百分之九十九的失戀都感到難以度過，但事實上，多數人都能在事過境遷後漸漸復原，時間是最好的治療。而且「相信失戀會被時間治癒」這件事真的很重要，那是一種信念，就如同搭車前往一個未知的地方，會覺得過了好久好久才抵達，但在回程的時候，距離卻遠比自己想像的更短，只要能夠想像「盡頭」，或許就不那麼害怕過程漫長了。

在我人生一次又一次的失戀經歷中，儘管那每一次都讓我感到困難，卻從中逐漸找到方法讓自己盡快走出來。

我認為適時地釋放情緒，讓自己「崩潰」很重要！雖然崩潰聽起來是很負面的行為，但就像破壞後的重建一樣，經過野火燃燒的森林，抑或暴風雨襲擊後的城鎮，雖然在表面上不完整了，卻也有機會滋長出新芽，進而綿延一片豐沛綠意。失戀後心裡會鑿出一個大洞，取而代之的是悲傷、憤怒或不甘心等負面情緒，如果能學會預留時間給自己崩潰，讓這些負面情緒好好宣洩，而非故作堅強地一味壓抑，才是有益於排遣傷痛的方式。畢竟再厚實的水壩，總有抵不住的洪水，被壓抑過頭的情緒，若一旦無休無止的潰堤，恐怕也會影響到工作與人際關係，對往後的生活重建只是雪上加霜。

在崩潰的過程中，也有機會找到「癥結點」。有時我們放不下的未必是這個人，而是這段感情中的一些「癥結點」讓你糾結著不肯往前走。

和前任交往的這六年間，曾分合了好幾次，最後身邊的朋友都認為是歹戲拖棚，漸漸也不再想理我們了。但就在最後一次分手後，我變得異常冷靜，也能將工作應付地得心應手，即便到了夜裡會泣不成聲，卻好像逐漸接受了我已經失去對方的事實，只是我始終找不到我們究竟為什麼走不下去的癥結點。

就在某天我搭著計程車要去開會的路上，我在廣播裡聽到了劉若英的〈落跑新娘〉這首歌。歌詞中說到：「抱歉我這次想對自己負責，當你說你都能理解，我痛哭失聲，害怕失去一個人，才想回到一個人，我會把這份愛深藏在心的最底層……」我想起分手時，他輕輕地說了一句

「我都能理解」，原來他比我更早意識到，在這段感情中我始終不願承認彼此的「差異」，反而不斷用偽裝與謊言去填補這份不安全感，導致彼此都付出了很多，卻遍體鱗傷，最後積重難返。

「如何走出失戀的傷痛」這題，我曾經拍成影片聊過，更有無數的專家、創作者或 KOL 聊過這件事，每個人面對失戀都有各自不同的方法，我認為任何方法都沒有好壞（前提是不傷害他人）。如果能夠走出來，那就是好方法。

但更重要的是我們能否從一次次的失戀中有所領悟，即便失戀像大考一樣，隨著每一次考題的不同，都依然會感到艱澀困難；然而當遇到曾經做錯過的題目，是否有辦法能更快速有效地將它解開，甚至不再犯同樣的錯誤？

如果經歷了這些失戀，能讓我們更了解自己，甚至變成更溫柔的人，
那麼失戀，不過是值得紀念的里程碑罷了。

堅定的愛，何必他人指教？

愛一個人不在於做了多少給別人看，
更重要的是每一個日常細節之中，
你對對方有多少體貼與在乎。

如果在網路上搜尋泰辣，第一個跳出來的關鍵字是「老公」！從我做 YouTuber 開始，就有不少人好奇我男友（現在是老公）長什麼模樣，也有很多人提問為何總是不讓老公露臉？這幾乎成為我這輩子回答過最多次的問題：「因為我的老公沒有對家族以及圈外的朋友出櫃，尤其他的父母年事已高，他不希望父母在晚年的生活還要面對孩子出櫃的課題，因此決定在父母餘生盡可能隱藏。」然而我是一個藏不住祕密的人，也一直認為愛沒有錯，所以覺得無論何種性別與性向的戀人，都可以大方且合理地在街上牽手或擁抱！偏偏與老公的這份孝心相抵觸，坦白說，我也花了很多心力說服自己。

在這個過程中，其實我老公一直在讓步，從最開始只能在暗巷中偷偷牽起手，一有人經過就立刻放開，扮作普通朋友，到現在已經可以大方勾著我逛街，甚至陪我實現拍婚紗照與辦婚禮的夢想。比起這麼多讓步，我真的覺得，忍受馬賽克破壞婚紗照的美感實在微不足道！

然而，打滿馬賽克的婚紗照影片與婚禮影片發布後，我陸陸續續收到各種不同的質問：「老公不敢露臉是因為覺得跟你在一起很丟臉嗎？」、「為自己心愛的人出櫃的勇氣都沒有？這樣的愛令人質疑！」等諸多懷疑與猜測。

我不知道異性戀們有沒有辦法想像，同志要出櫃，面臨的究竟是何種壓力？那是一種想到自己可能被全盤否定，就會渾身顫抖的恐懼！是寧可忍受霸凌，也不敢求助父母的恐懼！

隨著年紀漸長，世界開始變得多元和友善，我也蓽路藍縷地把自己的出櫃之路走成一條康莊大道。但是，仍有許多人的家庭被困在過去的教育枷鎖裡，他們無法將平權的觀念帶入既定的思維，更何況反同人士藉由各種方式，蓄意煽動助長錯誤的傳統價值，所以出櫃並沒有因為平權的前進變得容易，反而如M型社會般，讓平權與歧視往兩種極端邁進。

即使同志幸運地被家人接受，卻往往被要求低調、明哲保身，甚至必須面對家人落入自責與自卑的各種情緒裡！很多父母在孩子出櫃的那一瞬間，就把自己關進櫃子了，因為他們接受孩子是同志的方法，僅是因為「認命」；他們認為孩子是自己的，所以好壞要自己承擔，就將

「錯」攬到自己的身上！因為幾十年來的生命經驗，讓他們無法扭轉「同志是錯的」這個觀念；所以，與其指責這些沒有勇氣為愛出櫃的人，不如檢討這個把愛貼上標籤、分門別類的社會。

愛一個人不在於做了多少給別人看，更重要的是每一個日常細節之中，你對對方有多少體貼與在乎。活到這把年紀，談過非常多次戀愛，早已分得很清楚激情、喜歡和愛的差別，若不是一個讓我能放一百二十顆心的男人，我豈會輕易昭告天下嫁給他！

我老公不善言辭，不懂如何表達他的愛，但他知道我討厭什麼就會替我避開，了解我真正在意什麼，就會 Push 自己去配合。我相信很多他的朋友想都沒想過他會拍這組婚紗照，甚至穿上龍袍陪我坐上太和殿的龍椅吧？！

我曾經感到沮喪地把酸民質疑他「不露臉是因為感到丟臉」這段話貼到個人臉書上，老公那邊少數知道我們在一起的家人直接在底下留言說：「我只能說你老公愛死你了！已經跌破我的眼鏡，眼鏡都不知道換幾副了！」他的朋友們也紛紛附和！

所以相對的，我理解他真正在意什麼，他對我溫柔體貼，對家人也是一樣。他希望父母安享晚年的這份心思，我能理解，也願意退讓，換來的只會是他對我更多的尊重與愛護。

說心裡話，要跟攝影師溝通拍照取角度避開他，或在美麗的照片打上突兀的馬賽克，又或者嚴厲地在喜帖上寫「照片上傳社群媒體發布規範」，有時自己都感到心很累，可這就是我們的愛情，彼此都會為對方各退一步，得到一點也失去一點，但至少我們是牽著手朝同一個方向前進的！

我不需要那種經常掛在嘴邊，卻絲毫感受不到的愛；畢竟樸實而真誠地相互體諒，才是愛的日常模樣。

後記：某次睡前問了老公「跟我在一起，是不是真的讓你覺得丟臉？」他不發一語地把我抱進懷裡，抱得很緊，輕輕說了「沒有人比你讓我更驕傲。」

誰的貶低都不重要，因為我是我老公的驕傲，而這點已經足夠讓我驕傲一輩子。

別讓雞毛蒜皮成為壓垮愛情的最後一根稻草

太多的感情走到後來淡掉，甚至分手收場，
不見得是為了什麼嚴重的事情，
更多時候反而是因為太多的小毛病逐漸累積，
最後把所有美好統統磨成了厭倦。

我房間正上方就是水塔，水塔旁裝著一顆抽水馬達，而抽水馬達的運作方式是抽一下停一下、抽一下停一下、抽一下停一下……無限循環，好像它永遠不會消停一樣！那個聲音有一點像牙醫師鑽牙齒的聲音，卻又沒那麼直戳腦袋，大部分時間你甚至不會察覺它在運作。但往往在我好不容易要睡著前，或者起床上廁所再回到被窩後，它的存在就像電鑽鑽頭猛烈地鑽牆壁一樣成為轟隆巨響，迫使你疲憊不堪的身體怎樣都無法入睡。於是輾轉反側了半個小時後，我放棄抵抗，起身縮在檯燈旁寫文章，伴隨著持續抽一下停一下的抽水馬達聲，以及老公睡得香甜的鼾聲。

打從第一次被抽水馬達吵得睡不著那天開始，我就一直跟老公抱怨，但老公覺得這件事無傷大雅，稍微聽一陣子就能習慣也就不影響睡眠，所以我又嘗試了好幾次與它共處，結果都是無奈地望著天花板等它自己停止。

記得有一次，我熬夜剪片到凌晨，終於把檔案交出去後，累到洗完澡連保養都放棄，直接床上躺平準備睡覺。約莫過了五分鐘，我聽到樓下室友走去洗手間的聲音，心想不妙，果然抽水馬達隨著室友刷牙洗臉的聲音開始鼓譟，又是抽一下停一下、抽一下停一下的地獄循環！但我的身體疲憊且沉重得無法移動，只剩意識清醒地聽著這些噪音……這讓我想起國二的午餐時間，老師總是自顧自開心地播著他喜愛的專輯，但那張專輯真的非常難聽，難聽到我有時會覺得午餐也變得很難吃，但我既無法制止他更無法離開教室，只能繼續低頭忍受這一切。然而當我向隔壁同學提起這件事的時候，他只笑笑地說：「你還認真聽喔？我根本沒在鳥他欸！」我當時真心羨慕他能充耳不聞，覺得他像是擁有超能力一樣，而且是我最想要的那種能力。

當我回想完這件事後，發現抽水馬達仍然抽一下停一下無限輪迴！在這一刻，我突然覺得非常憤怒，下意識便大聲叫了出來，接著老公立馬被我驚醒，驚訝地看著我；此時，我所有委屈傾瀉而出，毫無防備地哭了出來……老公沒說什麼，直接下床走下樓，我心想他該不會生氣了吧？立刻坐起身回想自己是不是太小題大作，但我真的覺得這件事極度困擾我啊！過沒多久老公回到房間，問我：「馬達沒有再轉了吧？」我聽了一下回他：「咦！好像真的停了！怎麼做到的？」他邊躺回床上邊說：「把馬達斷電就好了，只是起床要記得開，不然水壓會超小。」聽完這段話，我以一種得救的崇拜眼神看著他，他摸了摸我的頭：「趕快睡吧！」在那當下，我覺得對他的愛應該又暴增了好幾%。

我們生活中的很多事情其實都像這個抽水馬達，平常無傷大雅，不影響生活，但總會在某些時候變成心裡的芒刺，扎著讓你無法不在意。可是其他人卻都不以為意，這時就會開始反覆思考是不是自己太小題大作，但感受是最真實的，沒必要因為別人不在意就騙自己這沒關係。**尤其是感情中的那些雞零狗碎，即便是很小的一個點，可能連說出來都會感到不好意思，但一樣要正視並解決它；因為不管再小的問題，都是問題！**

有太多的感情走到後來淡掉，甚至分手收場，不見得是為了什麼嚴重的事情，更多時候反而是因為太多的小毛病逐漸累積，最後把所有美好統統磨成了厭倦。

曾經和一個朋友聊過，關於他和交往十年的男友分手的原因，他跟我分享了一個故事。那一切都源自他們家裡一盞壞掉的燈，一直忽明忽滅地閃爍，而男友半年前就答應他要修，結果直到分手那天，那盞燈依然忽明忽滅，而他就是在那個瞬間決定放棄這段感情的……我聽完下巴差點掉下來，心想這個理由也太微不足道了吧！甚至還教他如何自己換燈泡。但是過了這幾年，現在回想起來我好像可以理解他的心情了，問題不出在那盞燈，而是他心裡在意的那些事情沒有得到重視。

這些生活中或感情裡的惱人小事，就像抽水馬達或忽明忽滅的電燈一樣，平常不構成太大的威脅，卻可能成為壓垮駱駝的最後一根稻草。

建議大家要正視自己的問題，哪怕再小都不要忽略，要想辦法處理它。而**做為伴侶也要能學習換位思考，即便是自己完全無感的問題，但當對方提出來之後，就得試著去陪他解決；也許，這份連小事都願意在乎的心，便是能讓感情增溫的體貼與溫柔！**

後記：寫完這篇文章的當天晚上，抽水馬達居然故障了！害我噴了好幾千塊又忍受了兩天超小的水量，總覺得有點邪門，就跟你們分享一下。馬達修好之後我還花了五分鐘跟它心靈對話，並保證我以後沒事不會再說它壞話，希望它以後不要再壞掉了！現在它運轉的聲音一樣偶爾令我感到不耐，但想到它壞掉我會更加困擾，我就能夠忍受它並且安然睡著了（哈哈哈哈哈，好無用的資訊）。

一段自在的關係，不需要彼此角力

真正在乎你、愛你的人會希望你是開心且自在的，
就算期待你能為他改變，
也是兩個人共同向彼此靠近，
而非單方面苦苦追趕。

在我收到的感情提問裡，有很大部分的人會提到他的另一半一直嫌棄他，令他不禁懷疑自己的價值，甚至變得越來越沒有自信。這樣的關係我往往會勸分，理由很簡單，一個不斷貶低你的人並不會使你成長；相反地，很可能會令你找不到自己的價值，最後失去的不只是這段關係，

很可能連整個自己都失去了。

我自己曾經在某段鬼遮眼的感情中也是如此。當時男友是個典型帶著高度自我優越感的人（我們姑且稱他為「高貴雞」好了），他經常嫌棄我，挑剔我選的餐廳、看不慣我的言行舉止，更經常透過貶低我來反襯自己；例如跟我聊工作，卻說出「你們的工作這麼無聊喔？！你知道我們工作有多重要嗎？」……在諸如此類的談話中，他假意跟你聊天，事實上只是想告訴你他有多棒（現在回想起來，真的白眼翻到底朝天），但當時的我愛到卡慘死，喜歡這隻高貴雞喜歡到不在意自己有沒有自尊心，儘管也曾試圖跟他溝通，卻換來他一頓嘲諷，認為是我過於敏感難成大器，於是我只好選擇隱忍……

直到某一天，我跟他的朋友用完餐後，他突然變得冷漠不語，不論我怎麼問他，他也不肯告訴我哪裡惹他不開心；原本預計一起回他家，走到機車旁的時候他只丟下一句：「你自己想辦法回家。」然後，就騎走了……我一個人邊哭邊走回家的路上，花了兩個小時，思前想後地打了一篇非常長的訊息給他，結果換來他幾個小時的已讀不回，直到我忍不住打給他才發現自己已被封鎖。在他消失了幾天後，終於聯絡上他，他卻冷冷地丟了一句：「既然你對我那麼不滿我也沒辦法，分手吧。」

原本已經調整好自己，要和他坐下來好好談的我，在那一瞬間腦袋像是爆炸了一樣，過去所有吞進肚子裡腐爛的委屈，統統如混水般翻攪了上來。我對著自己發誓絕對不能再淪落到這種地步，不管多麼喜歡一個人，**如果對方一點都不在乎你，甚至會貶低你的價值，那就醒醒吧！地球上有這麼多人，不要讓自己被無端貶值再二手出售**。儘管你喜歡著那個人的時候很難看清楚真相，但是我可以舉出太多例子告訴你「喜歡的感覺」不過是大腦的荷爾蒙、多巴胺、腎上腺素在產生的化學反應罷了，根本不值得你賠進自己的人生。

我有一個朋友，他曾經遇過一個非常喜歡的對象，從各方面都認為心靈契合，但對方卻要求不要太快步入情侶關係，因為他還沒走出前任的陰影。於是我朋友就像陪伴者一樣和他曖昧了三年！而這整整三年裡，他處處配合對方的時間，用對方要求的方式約會，甚至接受對方和其他人約會！明明從小就渴望影集式的高調熱愛，卻為了對方假裝自己喜歡那近乎祕戀的低調愛情。做為朋友的我們，時不時就會告誡他，這段感情有多荒謬，也曾問過他為什麼不乾脆離開，他卻很沒自信地說：「我害怕離開這個人，會不會就找不到更好的對象了？」聽到他這樣說，我心真的碎得徹底。

但或許是心力交瘁，也或許是他將我們的話聽進去了，漸漸地不再那麼順著對方，甚至開始與其他人約會，接著就遇到一個好對象，兩人進而順利交往直到現在！而穩定曖昧了三年的那個人，早就被他斷捨離了！後來再問起他怎麼看待那段關係，他只笑笑地說：「我從前真的對自己太沒有自信，所以當對方一直讓我覺得遙不可及的時候，我就不敢放手。」

可是現在的他和另一半相處融洽，甚至是愛得極為高調的情侶。儘管經常吐槽他們太噁心，但回想起他受的那三年委屈，打從心底替他現在的自信滿滿感到開心。**在一段關係中，就應該是兩個人都充滿自信，真正在乎你、愛你的人會希望你是開心且自在的，就算期待你能為他改變，也是兩個人共同向彼此靠近，而非單方面苦苦追趕。**

活到了現在的我，真的認為一段好的關係，是兩個人都在這段關係中感到自在，不會認為誰比誰好得太多，自己配不上或優於對方；有優點就必定有缺點，兩個人互相包容、共同成長，感情才能越走越穩定。

就像我和老公剛開始交往的時候，我們就存在著很多不同，雖然偶爾會起爭執，但都只是小矛盾。一直到我們一起創業之後，由於從事的是設計產業，屬於我的專業領域，因此當事業越穩定，就越顯得我在工作上付出較多，而我自己也默默這樣認為，在疲累時不自覺抱怨：「我都做了這麼多，你幫我做些事不行嗎？」但卻因此爆發了我們交往以來最激烈的爭吵……他甚至憤而離家數小時，我當下真的慌得手足無措，不過他在消失一個小時後就傳了訊息叫我不用擔心，但他想靜一靜要我不要吵他；在盛怒之下還是顧及了我心急如焚的這份溫柔，讓我更顯得無地自容。

我非常認真地回想這一路走來，雖然他一直想從警察這個鐵飯碗離職，但卻因為遲遲找不到未來的出路而卻步，所以其實是我對他做出了承諾，告訴他我們一起去開創屬於我們的未來，他才勇敢離職。

更早在創業最初期，我們連貨車都買不起的時候，他自己去服飾店工作，領著微薄的薪水養活我們，直到我們漸漸穩定後，也是我要他從服飾店離職來幫我的，結果我卻在辛苦工作之餘，省略了他的努力，只膨脹自己的功勞。於是我坐在家門口等他回來時，花了兩個小時，思前想後地打了一篇非常長的訊息給他，不同於被高貴雞前任丟在路旁的那晚，老公很快地就回來了，先是狠狠地揍了我一拳，接著又把我抱進懷裡安撫我，我只記得我哭了很久，講了反省過的話，他只半笑半嚴肅地說了句：「沒事了……」

在那之後，也時時刻刻發現他在生活中的付出與細節，儘管表面上主要工作都是由我執行，但事實上公司和整個家的營運都建立在他的默默付出上。我們不斷學習看見對方的優點與付出，試圖包容缺點與不順眼的地方，一直到現在，我們沒有再吵過任何一次劇烈的架。儘管聽起來必須時刻注意對方的狀況可能經營得很累，但實際執行起來卻不太會感到疲憊（但必須承認偶爾還是會想任性、鬧點小脾氣，但都很快就會和好）；也許是因為，這樣的感情讓我們彼此都很自在，至少不會擔心自己被對方貶低，在彼此眼裡都是有好有壞的對等關係！

愛情就像打羽球，兩個節奏相當的人才能成局

沒有人規定愛情一定要是好的結局，
如果能轟轟烈烈地愛過又痛過，那也很棒；
趁年輕的時候放開自己去愛吧！
你永遠不知道比賽的結果，那不如先上場累積經驗再說！

我有一個朋友，他長得帥、身材好、工作穩定、個性也不錯，某次我和他在信義區巧遇，邊散步去捷運站時閒聊了幾句，聽著他又一個曖昧失敗的故事。他說：「總覺得我還不夠完美，所以才找不到適合的對象！」我笑著回答：「你各方面條件都比我完美許多，但愛情本來就不

是兩個完美的人在一起，而是兩個適合的人在一起。完美兩個字，本來就不適用於人類。」

曾經有一陣子喜歡的對象很常打羽球，所以我也跟著去了幾次球館。頭一次去的時候我們會一起打，但由於實力懸殊，兩人根本不在同一個節奏上，結果變成你丟我撿的互動遊戲，完全成不了局，後來我只能不掃興地在一旁觀賽。相處久了，我發現和這個對象從興趣到觀念都存在著各種差異，想當然也無法走到一起。後來偶然在一次聚會上又碰到，當時的他和一起打球的另一個人交往了，看他們兩個穿著一模一樣的襯衫，時時刻刻十指緊扣的手，我就知道我註定是不適合他的對象；不論多喜歡彼此，都很難變成一對。

愛情也像打羽球一樣，要兩個節奏相當的人，才能成局！儘管這世界上有形形色色的千萬種組合，但能夠長久走下去的，基本上都是彼此適合的，也許是共通點很多，也可能是彼此互補。

經常收到網友們的私訊，訴說他們愛情的煩惱，其中很多人描述著他和另一半有多麼不適合，我看完都會無奈苦笑，既然自己都清楚彼此不適合，為什麼還要一直互相勉強？或許是被「很喜歡對方」的心情綁架了吧！但每段關係終究會進入愛情變得稀薄的階段，儘管愛依然存在，卻絕對比最初相愛時要淡掉許多。如果當你還在熱戀階段就感受到不適合，更必須強迫自己想像，**當這些喜歡的感覺逐漸消失後，取而代之的會不會只剩下相看兩厭的各種缺陷？**

不過面對任何問題，我從來不替人做決定，畢竟如人飲水冷暖自知，即便聽起來再怎麼不合適，都是自己的感受最真實。而就算發現彼此有諸多不適合，也未必只有分開一條路可以選。一樣拿打羽球做比喻，兩個頻率不同的人，可以透過勤加練習與相互讓步，最終成局。

坦白說我和老公最開始交往的時候，我們是屬於互補型的情侶。我非常活潑好動，老公則是木訥安靜，在很多處事態度上也有著不同的想法，所以起初經常為了小事爭吵，讓我也不禁思考，是不是我們不太適合。但是經過深入地相處，總能在許多細節發覺兩人的合適之處，就這樣我透過觀察與搜集線索，擬定出屬於我們兩個的相愛策略（直接把羽球的比喻法用到底！），透過每一次爭執後的溝通調整彼此，我在某些事情上讓步，他也在某些事情上妥協，漸漸地我們就不再需要時刻提醒自己調整，自然而然會變成自己也能適應、甚至喜歡的狀態，而同時也是適合彼此的樣子。

所以，順道回答很多人問我的：「是什麼時刻讓我想要嫁給老公？」大概就是我們彼此都感覺對方很適合自己的那一刻，並不是什麼特別隆重的時候，而是某一次散步去夜市的路上，我們同時抬頭看星空，在那瞬間，我從他身上感受到他追求的以後，和我想要的是一樣的。

放閃先到這裡，再回到這個議題，到底該怎麼判定對方適不適合自己，我必須很嚴肅地說：「**身體會告訴你！**」儘管聽起來真的很籠統，但自己的直覺是很重要的訊息！就像那些來私訊我，跟我訴苦愛情煩惱的人一樣，其實就是自己都感受到不對勁了，身體才會發出警訊要你做出改變或棄船潛逃。

也許我無法回答你具體該怎麼做，畢竟每個人的個案都不同，個性與想要的東西也不同，只能奉勸各位要**把愛情當成一場比賽或一場事業來經營，時刻留意相處細節，把每一次感到不對勁的地方都記下來**，漸漸地你可以從裡面理出規則，這樣你就不再需要一直尋求別人片面的意見了。

坦白說自己的感情真的只有自己最清楚，就像有些人，明明身旁所有人（包括他自己）都知道那段感情不適合他，但他卻偏偏想要沉溺在裡面，那也無所謂，因為那是他自己判斷後最終做出的決定。沒有人規定愛情一定要是好的結局，如果能轟轟烈烈地愛過又痛過，那我也覺得很棒；趁年輕的時候放開自己去愛吧！你永遠不知道比賽的結果，那不如先上場累積經驗再說！

為自己負責，拿回「感情問題」的主導權

這段感情中，你的付出有哪些？
你得到你想要的了嗎？
除了傷心、痛苦與忍耐的感受以外，
你還有什麼？

我經常會收到網友的私訊，詢問我關於他的感情問題，有時甚至會鉅細靡遺到從相識、相愛、感情出狀況的每個細節都寫出來，看到這種類型的私訊，我真的會瞬間頭痛發作把它滑掉，像是看《甄嬛傳》的時候你會非常想直接跳過甘露寺那段一樣。只是出於惻隱之心，我可能還是

會在某個無聊的空檔把它看完，有時甚至反覆看了兩次，但最後依然選擇已讀不回，不是不知道該回什麼，而是不知道該怎麼回比較委婉不傷人。

因為我完全理解，多數來發問的人，他們正處在不知所措的狀態，想有個人能為他指點迷津。但正是因為理解這點，我才更不願意回答。坦白說讀完這些訊息後，我心裡九成九會浮現「就分手吧！」這個答案。

以前的我會直言不諱地說出口，反正你敢問我就敢說，然而卻曾發生過幾次，對方跟我說完「謝謝」後沒幾天，反過來怪我為什麼要叫他分手。我當下滿頭問號，甚至直接請他搞清楚，做任何決定都是「自己做的決定」，我只是給予我的看法，不代表我需要為這個看法負責任；畢竟不是我主動發言，而是他來問完以後我才給的建議。但我被他劈里啪啦指責完後，就再也沒有收到他的任何回覆，我猜大概是把我封鎖了吧？我也不感到生氣，只覺得在他學會為自己的決定負責任前，他還有很多坑要跌，恰巧我成為他人生中的一個小坑洞。

我希望大家先想清楚一件事，我只是一個完全不了解你的外人，就算憑著你提供的訊息，哪怕再鉅細靡遺，我能解讀的也依然有限，更何況這些觀點多半參雜著當事人自己的委屈在裡面，我看完真的只能同理到「你為這段感情付出很多，你很委屈，但如果是我，直接分手」！這個情況套用在其他人身上也一樣，今天不管你問誰，差別只在於那些觀點是「你想聽的」或「你需要聽的」。

我認為問別人意見沒有不對，但是比起問別人，不如先問最了解狀況的自己：「**這段感情中，你的付出有哪些？你得到你想要的了嗎？除了傷心、痛苦與忍耐的感受以外，你還有什麼？**」而且不要空洞的自問自答，找個安靜的地方，拿出手機或一張紙，把這些問題具體寫出來，然後誠實地面對自己的想法，寫完之後誠實地面對你自己的答案。

但是！最常出現的狀況會是「你得到了想要的同時卻也承受了你感到痛苦的」。例如這段感情給足了你要的安全感，卻也給了你巨大的寂寞，那就要思考：這份安全感是否足以蓋過寂寞？為了這份安全感，能否願意繼續忍受寂寞？或者你是否有辦法透過溝通去改變？

我們不管做任何事，都不會憑空開始思考哪裡有問題，一定是自己察覺了什麼或者身體與情緒給予不好的反饋，才開始思考哪裡有問題，不管是對於工作、生涯規畫或任何關係。我個人的經驗是，當你已經重複思考「要不要放掉這段感情」好幾次的時候，其實你已經有答案了；你缺少的不是有人告訴你怎麼做，而是如何面對這個你不喜歡的答案的勇氣。

「如果讓別人替我做決定，應該會輕鬆一點。」我還是常常會浮現這個念頭，小至午餐要吃什麼，大到該不該繼續維持某段不舒服的關係。然而隨著長大的過程，我很清楚別人為我做決定的壞處永遠大於好處，因為對我而言的難題，對別人來說未必就簡單。所以對方很可能給出片面的答案，或甚至只是隨便給你一個答案，難道他還需要為你負責嗎？

不如拿回主導權吧！不管是自己的人生還是感情都是，該不該繼續與一個人在一起，該用什麼方法在一起，這些你都應該要有主導權。主動溝通、協調甚至讓步都可以，但一定要學會對自己的決定負責任，這也是追求自由與成熟後的副作用，否則就像回到成年以前的我們一樣，讓父母決定你的人生，讓學校規定你的髮型，統統讓別人告訴你該怎麼做，最後失去成為自己的機會。

做每個重大的決定都不容易，但比起無法掌控的人生，我寧可學會為自己負責。在感情方面也一樣，我依然不害怕付出，也不害怕告訴交往對象我想要的是什麼。在這段過程中，我曾經哭著放棄過很多很喜歡的人，因為我不想在那段關係中過度委屈，所以我選擇相對輕鬆的心碎，至少我能夠掌控我療傷的進度，然後再接再厲尋找更適合我的另一半。

現在的我終於能勇敢回頭跟過去哭著吃飯的自己說，當時的決定很正確。至少現在的我已經好幾年沒有糾結過「要不要放棄這段感情」，更多的煩惱是「如何讓這段關係更好」。很多事情有捨才有得，還是那句老話：「**絕交不可惜，把良善留給對的人**」，祝大家都能漸漸找到屬於自己步調的幸福。

我人生中最棒的一件事就是我把自己交給了一個愛著我真實模樣的人。

在日本錯過的那班飛機，卻是我們相遇的契機。
和老公一起歷經遠距離、創業與共組家庭，
故事持續進行，希望我們都朝著期望的結局前進。

30 歲生日當天，我沒有死，反而被求婚！

為了他，我學會各種打馬賽克的方法 ：）

為了我，他嘗試了一輩子沒想過的所有事

登記結婚那天突然下起傾盆大雨，但沒過多久，雨停了，抬頭看見天空出現一道彩虹。

夢想途中

沒有一次努力是徒勞無功

網紅容易嗎？

它既是一個入行門檻低的行業，
相對的，它的汰換率也極高！
所以在成為創作者之前，要先想清楚，
你是將它視為興趣，還是一份正職工作？

KOL（意見領袖的縮寫，俗稱網紅）已經成為現在新鮮人的夢想職業前三名，很多人都覺得網紅這個職業光鮮亮麗、收入頗豐、時間彈性、入行門檻低，即使已經有很多創作者分享過自己的壓力與痛苦，仍然有不少人認為網紅這行是利大於弊，這篇就以我個人經驗來談我對這行的看法。

我的 YouTube 訂閱數，四年多以來只有十八萬左右，觀看數超過五十萬的影片僅有六支，是一個不紅卻又在路上可能被認出來的小網紅。所以每當有人說我很紅的時候，我都會笑笑地說「沒有啦」！這並不是一句謙虛的話，而是我真的這樣認為。

我的第一支 YouTube 影片，其實早在二〇一〇年的一月就上傳了，是《某種名模生死鬥》的第三季，不過當時只是純粹當成播放影片的平台，完全沒有 YouTuber 概念，所以使用的都是有版權的音樂，因此影片無法盈利。正式成為 YouTuber 是二〇一七年的事，這時候 KOL 市場幾乎已經成為主流，不只部落客、影像創作者，還有正在竄起的 Instagramer、抖音網紅，而用心經營了四年的我，雖然還是將本業「陳列設計師」的工作 hold 著，但有將接案量明顯減少，而是把主力轉放在 YouTuber 這塊。畢竟一檔設計案曠日費時，從規畫、執行到完工、收款，往往已經過了好幾個月，而 YouTube 的商案合作執行速度快，CP 值相對高，但**我從做 YouTuber 的第一天就在倒數它的結束；它既是一個入行門檻低的行業，相對的，它的汰換率也極高！所以在成為創作者之前，要先想清楚，你是將它視為興趣，還是一份正職工作？**

我成為 YouTuber 的契機是希望能打開自己的知名度，進而提高自己的陳列設計知名度。然而大家對我的認識，多半是從「到處都是瘋女人」裡鮮明、犀利的泰辣開始，因此個人頻道我也決定要以我這個人為出發點，呈現自己的生活、觀點、美感與其他能力。而這四年來都有按著我自己的規畫在經營，只是反映在實際數據上，我並沒有躍升成為家喻戶曉的 YouTuber，所以觀看數換算的廣告收益完全無法支撐生活，這也是為什麼我必須接業配，畢竟賺錢才是我工作的目的。相信我，不斷絞盡腦汁拍出符合廠商期待、又能讓觀眾覺得好看的影片，比辦婚禮還難！

做 KOL 確實有很多附加價值，只要用心經營、懂得抓住市場，加上一些運氣，即便沒有高訂閱數，也能夠有穩定的收入。但在開始入行前，你務必想清楚一些勢必會碰到的問題與壓力。首先，關於自己的定位與角色，想要當什麼樣的創作者關係到續航力。最初我會選擇以「我個人」為出發點，除了我的個性鮮明、人生有過不少經歷可以分享外，也是因為我害怕以其他特定類型出發，可能很快會碰上創意枯竭的問題……這也是我沒有單以「陳列設計師」身分定調頻道的原因，所以我會建議你選擇最擅長的事情下手，才能讓頻道經營得長久。

接著要先清楚你所需付出的成本，由於我和 Apple、G 蛋布丁三人都是廣電傳播本科系出身，所以寫腳本、拍片、剪片對我們而言是既有專業。而身邊碰到比較多是非本科系的人想當影像創作者，我認為也完全沒有問題，畢竟有很多知名 YouTuber 都是非傳播相關專業，只是初期你必須找到會這項技能的搭擋，或者自己就要學會拍片與剪片。而回溯到我大學的時候，因為是廣播組的學生，其實並不需要學剪片，但我當時為了做《某模》，所以自學並和同學討教，進而學會Premiere、Photoshop和illustrator等專業軟體，一切就看你有多大的決心去做這件事了。

而開始經營頻道後，為確保能夠盈利，其實是可能要投入大量成本的。包括拍片的設備、各種軟體，以及音樂、素材版權的月租費用。創作初期我都上網搜尋無版權音樂，卻往往在使用音樂後不久，還是收到了版權通知而盈利被拿走；如果規模擴大之後，要將影片發出去給剪接師處理，或者請員工協助處理頻道經營的事情，那就會增加更多成本。

談完了實際層面之後，最重要的是想談論壓力。做每一份工作，或甚至是每個身分，像是人妻、人母、人子，或多或少要承受壓力與責任。

而影像創作者要擔心的就是影片的觀看數，還有時時刻刻都在改變的演算法。很可能原本許多人觀看的頻道，在演算法改變後就淪為被淘汰的對象！所以每一次拍片都要想什麼影片才能讓觀眾有興趣，發片前還要絞盡腦汁想如何下標和做封面；在這個過程中，往往會失去自己最初只想拍有趣影片的心情。

而所有壓力之中，最容易壓垮你的，大概就是各種負面評論。因為做這行最需要的是知名度，有了知名度以後就會被視為公眾人物。而在許多人既定印象中，公眾人物就是可受公眾評論的人物，加上網路酸民文化膨脹的現代社會，各類的網路霸凌、肉搜、起底等恐怖事件層出不窮，然而當無人討論時，又要開始擔心自己的聲量是否已經逐漸消失；做好了承受這些的心理準備，才算通過創作者的門檻。

人類的心終究是脆弱的，即便外表再堅強的人，但面對攻擊，只有承受多寡之分，並沒有能真正毫髮無損的。我自認從小到大經歷過各式各樣的嘲諷與攻擊，但當有人來留言抨擊我的時候，看到當下還是會稍稍顫抖一下，然後再試著無視它，若還是沒辦法無視，才會選擇要不要反擊。我曾和一些創作者聊過這件事，他們多半不敢反擊，只能逼著自己忍耐，最後甚至連留言串都不敢看，但即便如此，還是可能會有人把惡意留言貼給你看，而且大多數是出於好意想告知你，卻在無形中造成了二度傷害。

關於 KOL 這個產業，我認為它可能是一條成功捷徑，但絕不是抱著輕鬆與僥倖心態的人能做的。縱使最開始是靠著某些運氣爆紅，若沒有做好準備，只怕會登高跌重。而對於想好好經營 KOL 事業的人，也要抱著隨時可能走下坡的危機感，經營之餘不要忘記安排後路；或者盡量累積人脈與機會，才能在大廈傾頹之際全身而退。

大學必做的四件事

大學可以說是我人生的轉捩點，
我拚了命想為自己走出一條路，
所以我幾乎把握了大學的每一分鐘，
儘管常常累到想哭，但還是非常值得！

我認為此生最自由自在的階段，莫過於大學時光！畢竟出了社會，看似無人控管的生活，事實上卻是被社會框架、職場規範、責任義務給牢牢綁住。反觀大學生，是剛脫離十二年的制式求學人生，開始學習掌管自己的課表、上課與課餘時間，並且依舊保有學生身分，簡直是進入無人管的超自由時期！但也正是因為這樣，如何把這四年過好，也會成為往後餘生的基石，這也是我大學畢業後多年的心得！

首先一定要**認真地玩**！畢竟上大學以前的日子幾乎都被考卷和課業占據，然而上大學之後，更有餘裕能讓我們「玩出專業」！不管是社團活動、學校或系上活動、甚至是跨校的活動都值得去嘗試，因為培養興趣是非常重要的一件事。就像我大一、大二參加系上啦啦隊，藉此快速認識了其他班的人，更因為一起熬過辛苦的訓練與比賽，我們之間有了很深的羈絆，也成為往後彼此的重要人脈。除此之外，參與過宿營籌辦、跨校影展策畫等活動，不只享受過程中的有趣，也獲得許多規畫活動的技能！

當然，紓壓型的活動也一定要體驗，像是「夜生活」，不管是夜衝、夜唱、夜店，沒有體驗過簡直像沒有念過大學。就算嘗試過後不喜歡，但至少你嘗試了。年輕最大的優勢在於你有多采多姿的「嘗試」機會（不過違法犯紀的事就不用了，因為可能試一次就會毀了你一輩子！），很多事情真的只有年輕時才會做，體驗和見識越廣，你看待人生與事情的角度也會越廣，有時撕掉對未知事物的既定標籤，在安全的範圍內去嘗試看看，也許你人生下一步的答案，就在這些嘗試之中。

而「談！戀！愛！」也是一樣的！拜託各位在大學時務必要試著去碰觸愛情（好啦～如果你真的不想我也不勉強），哪怕是曖昧、單戀、失戀都好，在這個不需考慮太多經濟條件與社會地位的時期，你可以享受愛情的單純。儘管大學時的情侶出社會後分手機率極高，那也是你人生中重要的經歷！我在大一的時候盡可能和不同人聊天、約會，也在這個過程中獲得許多開心與難過的心情，接著和一個非常喜歡的人交往了六年，也在這六年之中經歷許多的好與壞，儘管最後失敗收場，我們都各自獲得了大量經驗值，並引領我們調整好自己，迎接下一段感情。

所以大學要做的第一件事就是盡情玩！並且享受這些玩樂過程你所獲得的一切經驗值，進而成為你人生的養分與寶貴經歷！

第二件事就是**培養自己的專業技能**。出社會後實力就是你的起跑線，不管是本科系的專業培養，還是額外學習，大學就是以培養專才為目標的地方，不再像高中之前以基礎科目為主；此時你所學到的東西，更會大幅影響你往後的人生。

我在高中時對國文與歷史以外的科目都不大感興趣，高一念語資班甚至一度掉至倒數名次……但我深知在學生時期，成績就是我的選擇權，所以我轉出語資班，以求班級和全校排名往前，進而爭取到推甄申請的資格。儘管沒有考上當時最想上的志願，我依然以榜首考進世新廣電廣播組。而在大學四年裡，我盡可能把學科成績維持在前二十名內，並且到畢業前只有體育和通識課被當，其他再難的科目都至少低空飛過，這就是做好身為學生的本分，也因此我敢理直氣壯地去體驗其他自己感興趣的一切事物。

這四年內我將廣播組該學的技能幾乎都學了，也到校內電台實際製播節目，但我發現自己對於廣播這行實在沒有熱情，所以畢製的時候毅然決然選擇拍影片。到畢業的那一刻，我深深覺得這四年對於本科系的專業，儘管還有很多沒有學到，但至少問心無愧了！雖然這樣講有點像在說教，但我還是得說，沒有把自己本科念好，就沒有資格認為自己有念大學，**玩四年的前提是你也認真了四年，否則就真的是在浪費學費而已**。另外，如果覺得對本科系沒有興趣，那就直接考轉系或轉學考吧！

我有很多厲害的同學，當年都是放棄了一年重考進來的，必得付出努力，才有辦法收穫！

第三個就是**利用課餘時間實現夢想！**因為大學的課餘時間其實很多，而腦袋裡想做的事情可能又更多了，如果你有夢想，那當然要利用這段時間實現啊！畢竟用嘴巴說的夢想很容易被輕視與否定，但往往做出成績以後，旁人就很難抹煞它。例如你的夢想是出國旅遊，那就利用課餘時間打工賺錢攢旅費，或者去找相關的實習與工作機會。

我大學時一直很想做點什麼，就在某次小作業中惡搞了自己愛看的節目《超級名模生死鬥》，發現自己很喜歡做這件事，不管是拍照、走台步還是設計有趣的劇情，於是我就開始了屬於自己的《某種名模生死鬥》！而且一做就做了四年的時間（關於這個的詳細內容我另外寫了一篇）；在這過程中，我意外培養了拍照、修圖與剪片的技能，甚至累積的作品集結成冊，變成了我出社會的第一份作品集，也成了我踏進服裝產業的契機。我永遠記得當我錄取服裝公司的工作時，我驕傲地跟我爸媽說：「我做過的事，沒有一件是浪費時間的！就算曾經看起來只是在玩，我也有自信玩出我的未來！」

最後也是最重要的一件事——**交朋友**！就算高中以前都沒有遇到真正好的朋友也沒關係，但是在大學時期的朋友，以後可能投身同一個產業，勢必需要互相幫助，也比較有共同話題，甚至在往後的工作和生活中，也可能成為密切來往的夥伴。

而我人生重要的幾位朋友，幾乎都是大學同學。像是Apple和G蛋布丁，或者我親如家人的Molly，還有工作上給予我許多幫助的貴人、或幾乎包辦我整場婚禮的工作團隊們，統統都是我在大學時期認識的人！

說來慚愧，我其實和班上大部分同學並沒有非常熟，然而慶幸的是我在大學的時候非常活躍，透過啦啦隊、系上活動甚至是《某種名模生死鬥》，我認識了別班的同學、學長姊、學弟妹甚至是其他科系的朋友，並在一次次的合作中變成了夥伴！所以人脈真的非常重要，但它絕對是要花時間培養的；若是等你需要幫助才想到要找人幫忙，往往會因為情分不夠而求援失敗。但我的意思並不是要市儈地接近他人，而是珍惜你在大學畢業前沒太多利益衝突時結交的朋友，並從中慢慢累積感情，當你在成長的過程裡，你的朋友們也會一起茁壯，漸漸地成為對彼此都有幫助的人。

很多人覺得我現在像是人生勝利組，過上了自己的理想人生，但當我回首過去，我可以很自信地說每一刻我真的都無比努力！大學可以說是我人生的轉捩點，擺脫了高中以前被霸凌和排擠的陰影，我拚了命想為自己走出一條路，所以我幾乎把握了大學的每一分鐘，儘管常常累到想哭，還是認為非常值得。

所以每當有人說「我不知道我大學四年到底要幹嘛」或是「大學好無聊」，我都會覺得很可惜，那可能是你人生中最精華的四年了！一旦出了社會，很多事情不再像學生時代一樣簡單。我寫這一篇，主要是想告訴大家真的要好好把握這段時光，就算聽起來像是長輩的囑咐也無所謂，可是你努力過的每一刻都極其珍貴，畢竟往後的人生也是你自己的；好好享受吧，大學生們！

想獲得自信，先從努力完成一件事情開始

我們也許沒有超能力，
但每個人都擁有改變世界的力量；
哪怕只是改變自己生活範圍的小小世界，
它都是一股強大的動能。

「如何變得更有自信？」這個問題真的太常被問到了！坦白說我一直是個對自己滿有信心的人，或許是因為腦中存在太多想法，更多時候是在質疑為什麼世界不懂我，所以花了很多時間去尋找懂我的人。然後，我突然想起自己大學拍攝的影像作品：《某種名模生死鬥》，其中第四

季的亞軍 Ivy 說過一段話：「希望所有人都可以為了自己的目標，然後加上自己被支持的那些心情，一起努力，一起成長。」

這段話時常浮現在我腦中，正是我一路走來的寫照。不管是大學時瘋狂地舉辦《某種名模生死鬥》、離職自己創業、經營頻道或是每一次天馬行空的創作，都是因為有人相信我、支持我，讓我可以更勇敢地去做；而被人相信與相信自己，正是我自信的來源！

曾經有一次我心血來潮把《某種名模生死鬥》從頭到尾看了一遍，相隔十年再看，儘管覺得製作品質粗糙，也有好幾幕讓我尷尬到全身起雞皮疙瘩；但看完之後，我竟然還是獲得了滿滿的感動！

回想當初，就算我們將它定義為「比賽」，但畢竟只是個大學生以低成本舉辦的活動，並沒有實質獎品，連參賽者都是我們從同學和學妹們一一找來的。甚至曾經我也把影片拿給日後職場上的同事看過，他們只是大笑，然後說：「沒有獎品？！那她們怎麼還這麼拚命？！」沒錯！這就是當初讓我感到不可思議的一點，而我的感動正是從這裡得來的。

習慣了社會化的我們，理所當然付出努力是為了得到回報。正版美國節目《超級名模生死鬥》的參賽者，也是為了超高額獎金與模特事業夢想拚盡全力。但究竟一群大學生是為了什麼在努力？當我把每位參賽者的淘汰感言看完後，我更確定了我的答案——她們希望看見自己的「可能性」！

最早幾位被淘汰的參賽者，生澀地說著：「這是個有趣的經驗，很可惜沒辦法繼續下去……」或甚至因為說不出心得，而照我們給的腳本演繹著淘汰者的身分；然而隨著比賽的進行，到後來似乎產生了化學變化，印象最深刻的是第五名的Jenny，做為第八位被淘汰的參賽者，她說：「可能給觀眾呈現出來的只有五十分，可是我覺得我已經有做到兩百分的努力，對我而言，我已經盡力了。感謝工作人員一直提醒我『你最棒了！你長得很漂亮！』這些話可能平常聽起來沒什麼，但是當你在拍照的當下，真的會因為這些話而想要表現得更好，就算看到名次很低，也不會想放棄，而是想要更努力。」過程中，我確實每一次的拍攝都在現場，宣布淘汰後也會親自去找她們錄感言，所以我很清楚她們每一次的改變……從她們身上我看到自己也擁有改變別人的力量，哪怕只是幾句鼓勵的話，都讓一開始害羞的女孩，能在鏡頭前逐漸展現自我，甚至拍出了她們意想不到的自己。

而第四名的 Sharpay 更是激起我想要寫這篇文章的人！她本身是一個樸素的女孩，是班上播音實力最受認可的資優生，但當我去問她要不要參賽的時候，她露出了不可置信的驚訝表情，反覆確認我有沒有在開她玩笑！畢竟 Sharpay 雖然對自己的聲音很有自信，但對外表和身材卻是完全沒有信心的；而我不斷跟她強調：「你的五官非常獨特，一定可以拍出很有個性的照片！」在我的說服和鼓勵之下，她才勉強答應。果然比賽的第一週她就拍出令人驚豔的畫面，拿下了首週冠軍，連她自己都訝異不已。儘管後來的成績並沒有太理想，但她仍一路走到了第四名；除了我以外，其他評審都不熟悉參賽者，所以這裡面並沒有同情分存在，換言之她是靠自己的努力和運氣得到名次的。

在淘汰感言中，這個女孩說出讓我印象很深的話，甚至當下讓我不由自主地哭了出來！她說：「最初會想參賽，是因為看了第三季班上的另一位女生，儘管我們都不是纖細的女生，她卻很有自信，讓我也想變得跟她一樣，自信得很美麗！」

每個人都渴望自己是美好的，即便在成長過程會因為先天或後天條件，因為一次次比較與競爭的循環而變得不那麼有自信。甚至《某種名模生死鬥》本身就是一個比賽，但或許是沒有獎品的關係，所以想要超越自己的感覺會大過與他人競爭；而我也是因為在她們身上感受到了這些，才讓自己拿出彷彿無極限的努力，想盡力讓她們看見更美的自己！

我們也許沒有超能力，但每個人都擁有改變世界的力量；哪怕只是改變自己生活範圍的小小世界，它都是一股強大的動能。透過每一次和不同人的互動，我看到自己的力量在她們身上作用，更看見了她們自身做出的改變；就算只是獲得一點自信心，都是成長！

所以回到最初的話題「如何變得更有自信？」，或許就從努力去完成一件事開始：包括嘗試解決、經歷失敗、學習成長的過程，漸漸地你會發現自己變得更強大了。

最後我想強調，**在完成一件理想的過程裡，要慎選你身邊的夥伴。如果你的環境只會不斷帶來打擊，或許你可以選擇將他們斷捨離**。雖然電影總是演出主角經歷嚴峻的考驗與傷痛，才能得到大幅成長，但那畢竟是要擁有過人的精神力量才能辦到；別忘了故事的反派同樣是經歷嚴峻的考驗與傷痛後，扭曲了身心靈，進而成魔。身為普通人的我們，還是需要適當的鼓勵，就像Jenny說的，可能平常聽起來沒什麼的話，但是它會在某個當下，成為你的助力，推著你繼續往前進。

認清自己的能力，放棄你的無能為力

在成長過程中，
你的興趣與夢想都在改變，
可以把興趣變成專長，
卻別把自己逼得連一點單純的樂趣都沒有！

把興趣結合工作，想必是很多人認為最理想的工作方式吧？至少在我開始工作前，一直都是這樣想的。然而，現在當有人來問我這個問題，我卻可以果斷地回答：「認清自己的能力，放棄你無能為力的，然後努力你能努力的！」

在我還是鄉下小孩的時候，總是和周遭的人有著不一樣的想法。我喜歡躲在房間利用床單裝飾自己、穿上媽媽的高跟鞋想像我是女明星，或者會到後山摘花，然後找一個玻璃瓶插花。還記得有一次我找不到滿意的花，就跑到土地公廟，虔誠地向土地公要了祂神龕前的百合花，然後插了一盆覺得很美的花；因此我一直覺得自己長大後要從事跟「美」相關的行業！

後來上了國中，升學壓力取代一切興趣，憑著國文滿級分以及英文頂標的成績，我考進語文資優班，卻在那漫長的一年中，越活越不知道未來的自己該是什麼樣子。最後不顧父母與老師反對，我毅然決然轉到了普通班。就在那一年，我第一次看《穿著 Prada 的惡魔》這部電影，劇中扮演藝術總監的 Nigel 提及他的童年：「一個有六個兄弟，生長在羅德島的小男孩，假裝去踢足球，其實是去上縫紉課，晚上躲起來用手電筒看時尚雜誌。」這段話瞬間勾起了我童年的所有回憶，於是我開始思索與連結過往的喜好，最後決定要考上服裝設計系，並進入時尚產業。

大家都說為了實踐目標，你得先讓它變得明確。於是我告訴了身邊的老師與同學這個夢想，利用課後時間去學繪畫，累積自己的服裝作品，並透過輔導室介紹，認識了考上實踐服裝設計系的學姊，向她討教。

學測成績出來後，我毅然決然只申請了實踐服裝設計，班導師還為此把我請到辦公室，苦口婆心要我分散風險，多填幾間學校。一開始我理直氣壯地告訴老師：「我非實踐服裝設計不念！」但最後拗不過她，還是多填了老師認為更適合我的世新廣電和台中技術學院應用中文系。

印象很深刻，實踐與世新的面試是安排在同一個週末。第一天去實踐參加術科考試，考題是要用A4紙摺出一個形狀，並且以此創作三套服裝。一開始我還自信滿滿地摺著紙，這時一位評審老師走向我，拿起作品集並用眼神示意我繼續創作。我反覆地摺了又拆，同時用餘光注意著評審的反應，見他一臉凝重，甚至露出尷尬的苦笑，我當下就慌了，最後畫了三套我自己都不確定是什麼的作品結束了面試；隔天的世新廣電面試，我依然是做足準備，並且如預期般地發揮。

終於到了放榜的那天，老師在講台上一一宣讀班上考上的同學，念到我的時候更是以興奮而高昂的語氣說：「恭喜你考上了世新廣電廣播組，而且是榜首！」全班同學也跟著鼓掌，而我卻冷冷地問了一句：「那實踐呢？」大概全班都知道我有多想考上實踐，因此掌聲很快就停止，教室裡無人出聲，於是我又再問了一次：「實踐呢？！沒有上對不對？」不知道過了多久，老師才苦笑著說：「很遺憾，實踐服裝設計沒有錄取，但是你是世新廣電的榜首喔！很棒！」我含著眼淚問老師我可不可以先出去靜一靜，她表情從苦笑轉為慈祥的笑容，並點了頭，我就走出教室，躲進廁所痛哭。

後來我不信邪，拿了作品集給當時念實踐的學姊看，她直說：「你放棄服裝設計的夢想吧！你的才華不夠，這裡也不適合你，也不要想著指考了，我就是指考考上的學生，常常覺得低人一等！」學姊這番話彷彿敲碎我一切期待，心如槁木地準備指考模擬考，結果奇慘無比。老師這時又找了我去辦公室，要我別再拖，看要去世新還是台中技術學院報到都好，因為從模擬考成績來看，我連這兩間學校都考不上！

於是，我趕在世新廣電報到的截止日送出資料了，儘管花了一些時間，但最終我還是接受了踏進廣電這條路的事實，甚至很快發現我真的很適合這個科系，每份作業都做得得心應手，也很快就交到了志同道合的朋友。後來我甚至突發奇想地把時尚夢結合拍片技能，製作了影片《某種名模生死鬥》，然後用課餘時間一拍拍了四年，也累積很多很多的攝影作品。然而，最後也是靠著這些作品，面試進入服裝設計公司的陳列部門，儘管遲了四年，我似乎讓自己殊途同歸走回正軌。

在服裝公司裡，有很多同事都是從當年我憧憬的實踐服設畢業的。這一年內我們一起做了兩個品牌的春夏、秋冬兩季，也飛去上海籌辦活動，卻在越來越了解這行之後，發現自己確實沒有服裝設計的天分，甚至察覺自己對時尚產業的熱情並沒有想像中強烈。但我依然喜歡美的事物，對於拍攝大片、營造場景、做陳列或花藝都充滿興趣，甚至在二十七歲的時候選擇離職，自己創立陳列設計工作室。

然而創業完全不如想像中簡單，後來我聽取了好友 Apple（「到處都是瘋女人」頻道經營者）的建議，先經營我自己，進而打開知名度，何況拍片與後製這些技能我早就擁有，儘管對於進入廣電圈毫無興趣，卻成了我晉身 YouTuber 的契機！

回首過去這麼多年，我有過很多夢想，又在追逐夢想的過程中曲折迂迴；我得出了一些很寶貴的心得：「**你想做的不一定是你擅長的，而你不想做的，卻有可能是你的專長！**」所以把興趣結合工作，真的是最理想的工作方式嗎？又或者最得心應手，能幫助你賺到錢的工作，才是最理想的工作？我的人生經歷告訴我，工作是為了賺錢，而興趣是用來讓你暫時逃離生活的煩悶；若是興趣變成工作，它很可能成為你煩悶的來源，那麼到時候興趣還會是興趣嗎？

我認為這確實是一個很現實的答案，也許十八歲的我站在我面前，都會否定我現在說的，但現實教會我的其中一個道理是：「**能力會支配你的生活**」，努力工作是為了賺錢和培養人脈，進而改變生活。而**擁有財富自由的人，對生活有更多選擇權，當你不需要再為錢煩惱的時候，興趣才能是單純的興趣，更遑論在成長過程中，你的興趣與夢想都在改**

變，可以把興趣變成專長，卻別把自己逼得連一點單純的樂趣都沒有。

我們還有漫長的人生要過，有些興趣不妨留著，等你努力到不需要再為生活拚命的時候，悠悠哉哉地去享受它吧！

後記：儘管我沒有進入時尚圈，但我卻以很多不同的形式在滿足著我的「時尚夢」。包括這本書的照片主題企畫、場景架設、服裝製作與拍攝，都宛如時尚雜誌的工作般，但我卻能擁有百分之百的主導權，自由自在地創作自己想要的東西，不必迎合市場需求、既定主題或主編的要求，這就是工作與興趣的最大不同！也是讓我願意繼續努力工作賺錢的動力！（拍大片這個興趣真的很燒錢，所以要支撐這個興趣就得要努力賺錢！！感謝你們買了這本書♡）

腳踏實地去籌備一場夢幻婚禮

如果你跟我一樣很在乎婚禮，
那就不要輕易妥協任何一件事。
雖然婚禮辦得再好，也無法保證婚姻一定美滿，
但如果婚禮毀了，它也不會重來了。

當妹妹把黑色的布幔掀開，從我眼前那層薄薄的白紗看出去，是賓客們溫暖的笑容，站在前方不遠的是身穿黑西裝的老公，身後還有金色、綠色與白色的花圈，我就這樣一步一步走向我從小就憧憬的那場婚禮！

很多人問我「是不是一定要舉辦婚禮？」，我的答案總是：「不一

定！」

我認為婚禮其實並不太算是婚姻的一部分，它不過是像就職典禮、生日宴會一樣的一個儀式罷了，用來告訴大家「我們結婚了！」，所以用什麼樣的方式呈現都可以；就算只是去戶政事務所登記並且發一篇文告訴大家，也完全沒有問題（我身邊很多朋友都是這樣，而他們的婚姻一樣很穩定）。所以先搞清楚「婚禮」就只是一個儀式感，只對在乎的人來說重要，畢竟有太多人不清楚這件事，才讓籌備婚禮從開頭就是一場混亂。說實話，婚禮辦得不開心，真的一點意義也沒有。

所以「籌備婚禮」這件事對我來說，完全是一種享受。就像歌手舉辦演唱會一樣，有很多事要做也很累，但卻完全樂在其中！如果要說我幸運的地方，那就是我擁有這場婚禮的全部主導權，因為老公不在乎婚禮辦成什麼樣，所以他基本上都尊重我，而父母與家人方面，我只有邀請他們作為重要嘉賓出席，關於婚禮的費用與細節都不讓他們參與，我知道這對多數人來說很難，但這真的可以避免很多問題。

強烈建議大家在開始規畫婚禮前，就一定要先和家人與另一半溝通好每個人負責的部分與需求，如果彼此都很在乎婚禮，那就乾脆辦兩場，一場是新人自己理想中的證婚加朋友宴，另一場父母宴客用的長輩宴（我身邊不少人都採取這個方法，免去不少紛爭），有任何一方堅持某個環節（例如一定要在某間餐廳、要請幾桌、拍幾組婚紗、送幾組喜餅）就使用者付費，等這些都界定好之後，就可以開始來規畫婚禮了！

建議大家，籌備婚禮就把它當成一個大型活動來規畫。第一步就是先條列所有要做的事情：包括形式、場地、婚紗照、服裝、喜餅等細項，然後拉出詳細的預算，而且最好把它做成資料或圖表，每一個項目都要設定預算上限，才不會亂花錢或透支。因此我建議先找婚禮顧問，因為婚禮顧問可以在這個階段給予最直接的幫助，有了具體的預算後就能更清楚哪些項目是刀口、哪些必須要捨棄，畢竟多數人都是小資婚禮，不管要辦得夢幻還是辦得小巧，都要用最務實的心態來執行。

因為我從小就嚮往歐美那種戶外婚禮，要有燈串與草地，大家坐在長桌吃自助餐，所以場地對我來說就是刀口，因此我斷然捨棄了所有傳統習俗，畢竟剛好我父母也不在意，但我後來發現身邊很多朋友也都大幅簡化甚至跟我一樣完全捨棄，只是這點一樣就看自己的選擇，因為有些人還是認為傳統習俗有它感人、不可取代的地方。

至於辦婚禮的細節其實非常非常多，我有在我的 YouTube 頻道做了一系列籌備婚禮的影片，大家可以去看，這篇文章我就著重在幾個心態的調整。其中一個我認為最重要的是：「**先小人，後君子**」。

有什麼醜話都先說在前頭，這也是我個人的處事態度，不管辦活動還是出去玩都一樣，會在最開始就先把規則說清楚，千萬不要為了害怕當壞人就什麼都好，結果到了婚禮當下，才鬧得很不開心（我真的看過太多這種例子了）！

因此，我的婚禮表單非常複雜，甚至一條一條詢問賓客是否清楚規定，例如嚴格的服裝色系與款式規定、老公的照片上傳到社群需要把臉遮掉的規定，當老公看完表單後眉頭深鎖地說：「會不會讓人覺得很難搞？」，但這就是我的其中一個目的，因為這是我夢想中的婚禮，所以我只願意讓真心想來的人參加，甚至為此設計了一些小機關，例如填寫「無法遵守規定」的選項時，表單會直接跳到結束，表示他不適合來參加這場婚禮。但不出我所料，所有的賓客統統都順利填完了表單，並且當天完全遵守規定，成為了這場完美婚禮的一部分，也讓我很為自己的朋友們感到驕傲（人際關係勇於斷捨離的結果，就是身邊的朋友越來越適合自己）。

第二個重要的心態調整是「**尊重另一半**」。不管婚禮是誰想辦，它都是屬於兩個人一起的婚禮，所以尊重對方在意的點很重要。例如老公抵死不願做任何表演，我就完全尊重他；老公尊重我的職業需要拍攝影片，而我也尊重他還沒公開出櫃，所以他與家人都必須打馬賽克。任何關係都需要做到「尊重」這點，因為真的聽說過太多單方面一直要求對方配合，最後鬧得不愉快的婚禮。

第三個是「**信任自己找的團隊**」，這也是這場婚禮成功的關鍵。我在婚禮前很嚴格挑選我的團隊，甚至在婚禮前一天還把每一個環節都逐一確認過。但到了婚禮當天，我就把信任交給了他們，當天我幾乎沒有過問（也沒時間過問），然而大家都各司其職地把每件事做好了，甚至沒有用上我準備的任何一個方案B（因為我習慣預設會出包而多準備一個方案B）。

我曾經做過好幾場婚禮布置的工作，最常遇到的事情就是長輩突然跳出來干涉原先計畫好的事情，這時就非常考驗新人的處理能力了。遇過比較多是新人不知所措，或要求我們臨時更改成長輩要求的狀況。做為收錢辦事的人，我會照著他們的意思改，不論多難看。但印象很深刻的是某場婚禮，遇到一個很強勢的長輩要求我們大幅更動位置，結果當我去請示新娘時，新娘霸氣地走出新娘房，又露出溫婉的笑容說：「我相信我的團隊，婚布的事就讓婚布作主，長輩們只需要尊重專業跟參加婚禮就好！」我當下在內心瘋狂鼓掌，也告訴自己結婚的時候，一定要組一個我信任的團隊，然後像她一樣美麗而自信地走向紅毯彼端。

我會永遠銘記我在二〇二〇年的一月四號，實現了這場夢想中的婚禮，和現場的人一起哭一起笑，而且不管未來過得怎麼樣，那一晚已經像照片般美麗地掛在我人生的那個篇章。所以，如果你跟我一樣很在乎婚禮，那就不要輕易妥協任何一件事，雖然婚禮辦得再好，也無法保證婚姻一定美滿，但如果婚禮毀了，它也不會重來了。

在你夢幻地走向你的紅毯前，請務必記得腳踏實地去籌備它。

回到最初的起點，每一次低潮都是新的開始

每一次覺得走錯路的時候，
我學會了停下來整理自己的過往，
就算發現答案其實在剛出發的地方，
也不覺得徒勞無功。

日劇《今際之國的闖關者》講述的是一群人進入了一個平行時空中，必須靠不斷玩遊戲闖關才能活命，而其中一個闖關的內容是：「在時間內撐過考驗並平安抵達終點，就能破關。」

闖關者的裝置上會顯示倒數的時間與距離，遊戲開始的地點是在隧道

內，一輛有著滿滿塗鴉的公車，因為沒有油而無法發動，於是闖關者們就奮力地往前奔跑，試圖尋找能讓公車發動的燃料。一路上經歷了不少難關，也有人不幸喪命，但總算是找到一輛裝滿柴油的機車，於是主角要其他人繼續往前跑向未知的終點，自己則是牽著機車返回起點，希望利用柴油將公車發動，並將留在車上的傷患一起載往終點。

然而，當闖關者們一路跑了十公里便看見一大片鋼板擋住了隧道，於是他們終於能喘口氣坐下來休息，但這時卻發現這個他們以為的終點，鋼板的另一頭正在不斷滲水進來！察覺不妙的闖關者開始往回跑，接著鋼板抵擋不住大水而潰散，危險之際主角開著公車迎面趕來，救起了差點被洪水吞噬的夥伴。

等到洪水退去，公車因為外力的衝擊被撞倒在地，闖關者們奮力爬了出來，才發現公車側面的塗鴉寫著大大的「終點」！而此時他們手上的裝置，時間和距離都顯示為「0」，所有人這才恍然大悟，這場遊戲的起點其實就是終點！

很多事情都像是這場遊戲，或許我們積極努力地試圖往一個目標前進，也做了很多不同的嘗試，甚至幾乎要耗光自己的力量，結果最後發現，原來答案就在最開始的地方。

我從二〇一七年開始經營YouTube頻道已經有四年了，最初創立頻道除了分享我的生活之外，更是希望能把自己的陳列設計專業結合到影片當中，進而幫助我的陳列設計品牌被更多人看見。然而這四年來，隨著頻道不斷成長，我甚至因為拍片太忙而沒有空檔可以接設計的案子！每天追著演算法與點閱率，不斷做出改變與嘗試，就是希望能將聲量維持住，然而很多時候都感覺事倍功半，甚至覺得自己在原地打轉；除了身體的疲憊，更對心理產生極大的壓力。二〇二〇下半年，我進入一次又一次的低潮期，而且每次走出來所花費的時間，都似乎變得更長！

每一次經歷低潮期的時候，我都會捫心自問，不是已經很努力了，為什麼還是無法突破？甚至心裡開始出現很多負面的聲浪，反覆歸咎這些問題會不會是因為：「我是一個被大家討厭的人。」就算我用一直以來最自豪的自信去抵擋這種聲音，但隨著每一次不如預期的成效擺在眼前，漸漸地也被這樣的聲音吞噬，而進入無限循環的低潮期。

就在二〇二〇年底，我又再次跌進低潮時，Apple突然很嚴肅地問我：「現在如果想到泰辣，到底會想到什麼？」這個問題讓我陷入一陣沉思，卻無法明確給出答案。確實回想起這三年多來，隨著我每一次的嘗試，都替這個頻道增加一個新的模樣，但卻又可能因為成效不如預期而放棄這個模樣，然後越來越多不同的嘗試與放棄，就變成了一個混沌不明的樣貌！

這天晚上，我的腦袋一直反覆想著這些事，即使閉上眼躺在床上，還是滿腦子想著到底該如何走出眼前這片混沌不明。就這樣輾轉反側了幾個小時，眼看天也快要亮了，乾脆起身，開始規畫我的二〇二一年！起初打了一堆東西又刪掉，來來回回好幾次，於是我把自己過去的作品再看了一次，突然回想起最初做 YouTuber 時，是希望能夠單純分享生活以及讓自己的專業被看見……想到這裡，我不禁慚愧地笑了出來，一直在呼籲大家要做自己的我，竟然不知不覺被演算法與點閱率改變了……

不過，我一直覺得改變並不是壞事，畢竟透過學習與改變我們才能成為更好的人，就算最終結果是「變回原本的自己」那也是一種成長！因為我經歷過努力往前走，也嘗試過各種順應時勢，儘管因為這樣而把自己逼進一團迷霧中，甚至看著鏡子裡的自己感到陌生，但這些看似失敗的經歷，都令我獲得經驗值！就像前面提到的闖關者們，他們往前奔跑了十公里，結果最後發現起點就是終點，但在這個過程當中，他們的心理經歷了很多變化，絕對和一開始就知道答案而在原地等待關卡結束的情況會不一樣。

寫這篇文章的時候二〇二一才開始沒多久，但光是年底到跨完年的這段自我整理，我已經成功讓自己從混沌中走出，也整理出了未來的方向，並做好未來的某個時間點，我必然又會陷入一團混沌之中的心理準備（畢竟這早已不是第一次，更不可能是最後一次）。可是我也不擔心，畢竟每一次覺得走錯路的時候，我學會了停下來整理自己的過往，就算發現答案其實在剛出發的地方，也不覺徒勞無功，甚至可以更快速地覺察並折返，因為我是帶著曾經走錯路的經驗值走回去的。更何況，**有許多事是沒有繞過那段路就無法理解，畢竟最寶貴的不是找到答案與方向，而是這過程中，我們累積了多少可以承受錯誤與失敗的能量。**

希望透過我的這個低潮小故事，可以讓你們在面對低潮與失去方向的時候不要害怕，因為你總會找到路的；而且往往答案存在於過往的經驗值裡，把每次失敗的經驗都收納起來，就會在不知不覺中升級成更好的人。

後記：距離寫這篇文章到發行前的校稿，已經不知不覺過了八個月，再次打開年初寫的那份二〇二一年計畫表，有些事如期地實踐了，更多出乎意料的事情也發生了（包括漫長的三級警戒）。但這八個月以來，我沒有陷入過混沌的低潮期，所以年初的那次與自我對話是有用的！儘管以後會怎麼樣不知道，但透過這樣每一次的重啟，都有助於我們越活越靠近理想的自己。

擁有一座讓夢想扎根的城市

小時候以為台北一切美好的我，
其實也看過它破敗的一面。
到後來我才發現，原來我的夢想並不是成為台北人，
而是活在一座能讓我自在的城市。

大家小時候有沒有寫過一篇叫「我的夢想」的作文？印象很深刻我當時寫了「我的夢想是當台北人」，還為此被老師請到辦公室詢問我過得好不好。因為我在文章中不斷寫道：「生活在鄉下很不快樂，只要不跟別人做一樣的事，就會被討厭」……所以從小我就想成為都市人，最好

是能當台北人，因為在我印象中的台北都很美好。

後來我如願考上台北的學校，開始逐一實現我夢想要在台北過的生活，甚至每當有人問起我是哪裡人的時候，我會遲疑一下，然後回答「中部人」。若對方追問「中部哪？台中？」我也會微笑默認說出「差不多啦！」雖然回想起來很可恥，但當時的我只想盡快擺脫鄉下人的標籤，就像我非常喜歡的日劇《東京女子圖鑑》裡的女主角齋藤綾，奮力變成「這座城市該有的模樣」，在外人的眼裡，可能是虛榮與勢利的行為，但其實我們不過是想成為「我們認為的更好的人」罷了。

大學畢業後，我短暫地回中部當兵一年，並在退伍的第二天，拖著行李搬到台北早已找好的住處，就位於南京東路五段，那是我認為真正台北人會住的地方（也是我當時薪水能夠負擔的地方）。出了社會，我想成為台北人的念頭更加旺盛，拚了命想在工作中取得成就，也積極經營社交圈，每當認識新朋友，而我說出自己是中部人時，只要對方露出驚訝表情說：「我以為你是台北人！」，或者回南投，卻被小吃店家招呼：「你是台北人喔？歡迎來南投玩」，當下我內心都會覺得非常驕傲，好像已經實現了小時候的夢想。後來搬到南京復興住，在精品百貨公司上班，再後來終於住進了大安區，那年我二十七歲，交了一個在鹿港工作的男友（也就是現在的老公），工作和愛情兩頭燒的我，興起了創業的念頭，並在台北積極尋找適合創業的地點，卻發現扣掉高額房租後，想創業的我只能離開好不容易擠進來的蛋黃區，而且就算退居到新北市，事業也是勉強起步，所以最後我做了一個極大的決定——回中部重新出發。

在看完陸劇《三十而已》之後，我突然又想起了《東京女子圖鑑》，於是花了幾天時間重看了一遍。而我第一次看這部劇，正是剛離開台北，搬到台中的時候，所以看到劇中女主角綾發覺自己儘管在東京奮鬥了二十年，卻始終被東京人排擠在外的那一段，我心有所感地抱頭痛哭……那是我第一次覺得自己過去那麼多年的累積，終究只是鏡花水月罷了；生活了八年的台北，仍然不屬於我。

大家知道有一種樹叫做「構樹」嗎？它隨處可見，生命力極強，在我創業第二年，為了尋找更大的空間，我從台中南區的小公寓搬到更外圍的東區，租下一間荒廢已久的透天厝，而在這間房子的後院就長著一棵超過三層樓高的構樹。起初我想保留它，並將房子設計成類似樹屋的樣子，結果當工人一看這棵樹，就說這樹留不得，因為它的根沒有扎下去，反而是竄生在房子各處，這樣根基不穩會有危險……這棵樹像不像去了台北八年的我？奮力地四處生長，卻扎不進台北堅硬的土地裡；就算長得很高，終究根基不穩。

當看著大樹倒下的瞬間，我突然想起華盛頓砍倒櫻桃樹的故事；人們終究會忘記那棵樹被砍倒，但珍貴的是華盛頓學會誠實面對自己的錯誤，在我終於面對自己的夢想落空後，我才能好好的重新開始！

如今已經在台中生活了五年多，總算是在這落地生根了。和老公共同努力這麼久，終於為彼此找到了安穩。三十一歲的我看《三十而已》的王漫妮（一個同樣是離鄉背井到上海打拚的人，也同樣無法在上海扎根落寞返鄉），感觸很多但已不覺得遺憾了，每天都有嚮往大城市的人湧入，也都有搭著車離開的人，雖說條條大路通羅馬，但有很多人一出生就在羅馬。

但是，就算進城打拚了很久最終失敗，我們也不是一無所獲。就像我在〈回到最初的起點，每一次低潮都是新的開始〉這篇文章裡頭說的：「最寶貴的不是找到答案與方向，而是這個過程中，我們累積了多少可以承受錯誤與失敗的能量！」曾經去過羅馬，你就不再是未曾去過羅馬的那個你；更何況長得越大，見識過的地方也越多，小時候以為台北一切美好的我，其實也看過它破敗的一面。到後來我才發現，**原來我的夢想並不是成為台北人，而是活在一座能讓我自在的城市裡**。

由於我現在的工作大多集中在台北，所以幾乎每個禮拜都要搭高鐵北上，這種趕車的日常，有時覺得很累，但多數時候都能享受其中，離開了台北才發現我也未曾失去什麼，或者說我根本未曾擁有過這座城市。就像王漫妮不曾擁有上海，名利雙收的齋藤綾，也未必擁有了她心目中的東京，只是一直都在為了夢想努力往前跑的我們，最終會停下腳步享受一路努力得來的人生吧？！

〔後記〕

我的夢想是……

「我的夢想是……」這大概是全人類都曾寫過的作文題目，而且幾乎是在國小的初階教育階段就寫過吧？畢竟人因夢想而偉大，很多人就是懷抱著各種夢想，才有勇氣一步一步走向「長大」這個未知的世界！

我從小到大有過很多很多的夢想，有些很實際，像是「離開南投去當台北人、看濱崎步的演唱會、去歐美國家自助旅行」，有些則是天馬行空，像是「中樂透或是怎麼吃都不會胖」之類的白日夢。但事實上有一些曾經被我認為只是白日夢的事，卻真的實現了！像是小時候的我夢想能穿上婚紗，在眾人的祝福聲中完婚，這個夢想在三十歲的時候實現了；第一次看完《甄嬛傳》以後的我，深深愛上清宮劇，一直幻想著有一天要像娘娘一樣穿著朝服走在紫禁城，這個夢想也在拍婚紗照的時候實現了；甚至，十五歲的我，夢想是在三十歲結束生命，我很慶幸它沒有如願發生，取而代之的是我逐一完成了以前想做的每件事。

即便實現了這麼多夢想，即便對於此刻的生活感到很滿足，但在很多人的眼裡，我還是「不好的人」。直到現在都還會有人會對我說：「沒有繼承你爸爸的事業真的是很浪費」、「你令你的父母失望與傷心，實在是不孝」；好像不管多努力成就自己的人生，都會有人跳出來嗆你哪裡還做得不夠好，或甚至是一團糟！

其實早幾年的我真的一直在追逐我爸爸的背影。除了身為同志這件事情是無法改變的以外，我也曾經想過要了解我爸爸的產業而去相關公司實習，然而我的專長與興趣擺在那個行業真的差強人意，就像強迫孔雀跟麻雀比賽飛行一樣，追得吃力也一點都不開心；還不如珍惜每一根羽翼，努力當一隻漂亮的孔雀！這個比喻是某天我跟爸爸在散步的時候我跟他說的，我想以此緩和「我不想接他的事業」的沉重感。但其實爸爸比那些長輩想像的要堅強多了，他笑笑地說他知道我的個性本來就不適合，他也從來不覺得事業一定要由兒子接手。看著他雲淡風輕的笑容，其實我知道，他也一直在修正他自己的夢想，我相信他心裡曾經夢想過有一天，我會是和他在事業上並肩作戰的夥伴。

但後來的我還是以自己的事業，替爸爸的事業做了不少事情。甚至某一次，有人當著他的面說起：「你兒子不來你公司幫你，真的很可惜。」我爸搶在我回嘴前笑著說：「我的這間新辦公室就是他幫我設計的啊！他發展他的事業也能幫到我，有什麼不好？」雖然繞了點路，但我終究用自己喜歡的方式，讓爸爸感到驕傲。

從小就看著我爸爸巨人般的背影，看著他白手起家到有能力撐起整個大家庭，他是我童年時候的偶像！而我從想要成為跟他一樣成功的人，到後來完全沒有變成想像中的樣子，我反而感到慶幸。因為我努力去開創屬於我自己的人生了，哪怕和別人不一樣，但這是我的人生，若要問我此生最大的成就是什麼？我認為我最大的成就是：有做自己且為自己負責的勇氣。

不管是我，還是正在看這篇文章的你們，人生中一定會有很多失望和讓別人失望的時候。那真的無所謂，因為學習失望本來就是人生的必修課，我讓別人失望那是他要學習的課題，同理，別人讓我失望了，也是我需要學習的課題。失望過後必定會有所獲得，不要因為害怕別人失望而放棄你真正想要做的事情！

老實說，我從不為我身為同志感到抱歉，也不為我堅持愛我愛的人而感到慚愧，儘管過程中我和父母都互相讓彼此失望，但我們也從中學會調整進而成長，最後都變成更柔軟與更理解對方的人，這才是人活著最重要的事情！

這本書的發行時間比預期晚了一年，如同新冠肺炎疫情一樣，許多事情都不如預期地延誤了。甚至回想起這幾年，我的人生和世界都起了很多大變化，有開心也有傷心的，慶幸的是我已經讓自己成為能夠承受這些的人，也了解到「人生本來就是充滿希望與失望」。我們因為懷抱著希望，才有勇氣一直往前走，也是因為希望落空後的失望，讓我們學習調整自己的能力與期待值，才有了重新再燃起希望的勇氣。長大後了解到最寶貴的一件事就是不論活到幾歲，都會跌倒也都能重新再站起來！

這篇是我寫的最後一篇，正值疫情進入三級警戒的時候，已經在家工作了好幾個禮拜。趁著這段時間，我把這一年多來寫的稿子一篇一篇重新看過一遍，然後我重新問了自己：「我的夢想是什麼？」

我曾經有過無數的夢想，陸續實現了一些，也放棄了一些（可能比實現的還多），人生還在持續的現在，我已經想好我最新的夢想了，那你的夢想是什麼呢？

《某種名模生死鬥》是我勇於實踐夢想的起點。

大學時加入系上的啦啦隊，開啟了我精采的大學生活，也因此認識了很多很棒的人！

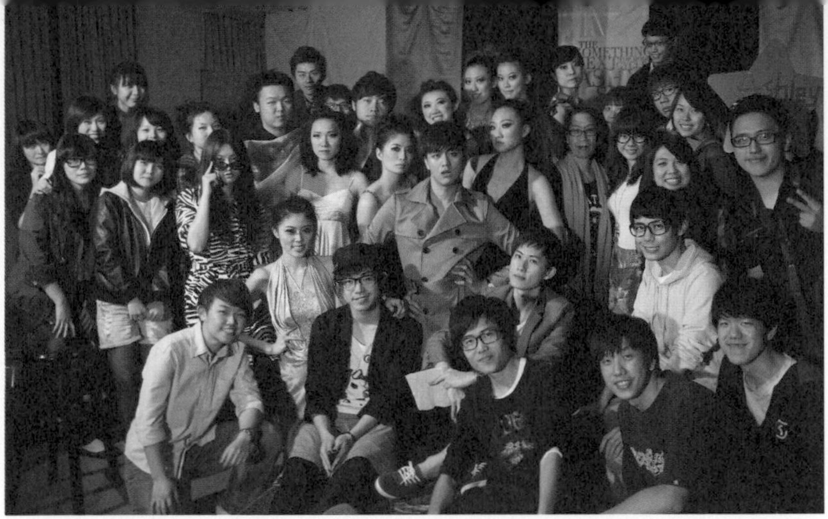

大學的時候，曾經在校內舉辦了一場《某模》的決賽時裝秀，當晚狀況百出，差點就要開天窗，但最後卻齊心協力完成這件事，讓我一直相信，當我付出全力做一件事的時候，全世界都會來幫我！

手上有一條長長的疤痕，是大三那年暑假車禍造成的，儘管住院住了一整個禮拜，當時卻感受到很多家人朋友的關心，後來看到手上這條疤的時候，總會感覺自己是有人在乎的。

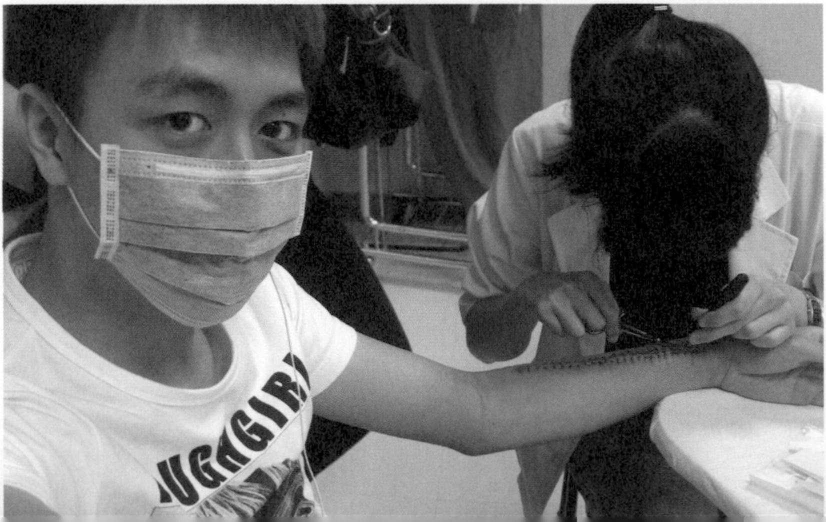

「心裡有很想做的事情，就去做！」所以到目前也沒有什麼覺得後悔沒做的事！

我和布丁、Apple 出社會後，各自忙於工作導致無法經常見面，但這一晚我們在布丁家討論著要一起拍影片當 YouTuber，並且我們真的開始執行！

自己在美國旅行了 18 天，帶著行李和一支腳架，飛了密西根、紐約和舊金山。

去北京旅遊前，突發奇想買了一套旗裝，然後在紫禁城裡穿上過過癮，這就是我的第一套娘娘裝，現在看起來真的很醜！

參加爸爸的畢業典禮，他也一樣是實踐派，總算在 55 歲這年完成以前未完的學業。

意外促成的第一次獨自出國旅行，也意外收穫了人生中最重要的伴手禮——半路認識的老公。

和男友（現在的老公）交往滿一年，特地回到京都還願。

從國小就幻想要穿白紗結婚，但沒有想到，白日夢有一天會變成真的！
而且是以如此完美的形式實現！

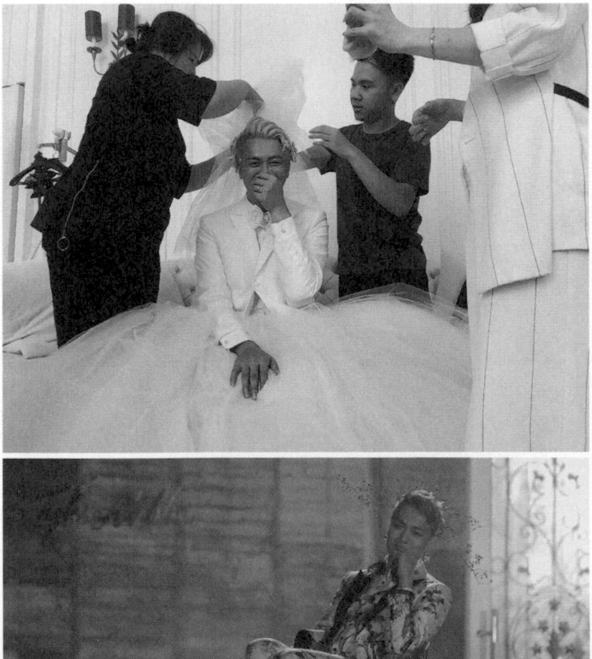

用自己想要的方式舉辦婚禮，是我人生中最大的夢想之一。圖為婚禮二進的時候，坐在輦轎上，由猛男扛著進場，非常符合我的風格。

創業初期經常需要南來北往，為了省預算，和老公經常以貨車為家，一起在車上過夜、吃飯！

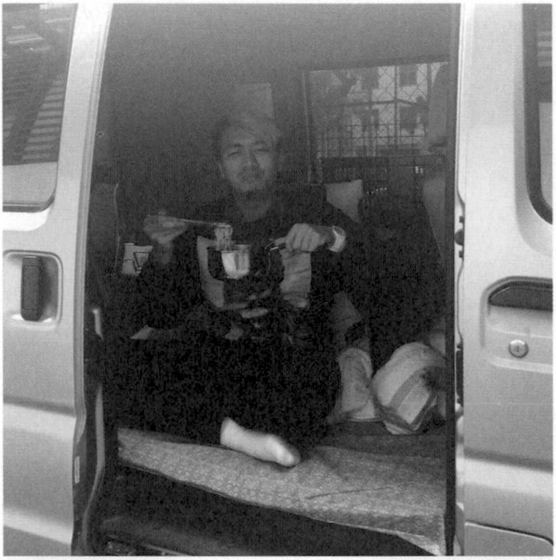

剛開始創業的時候，連工作的地方都沒有，只能窩在房間工作。

沒有想過會在台中創業，也沒有想過會住進一間廢墟，它是我目前為止住過最棒的一間房子，不完美卻充滿靈魂。

創業初期其實沒有什麼方向，但深知不能讓自己空轉，於是辦了一場《初生之睹》攝影展，希望讓大家看見，也因此接到了第一場大案子！

麥田航區 14

面對這世界的惡意，我也會活得毫不客氣！
我是娘娘腔，也是自己親封的皇后娘娘；只要敢想像，我可以是任何模樣。

作　　者　泰辣Tyla
責任編輯　張桓瑋

國際版權　吳玲緯
行　　銷　巫維珍　何維民　吳宇軒　林欣平　陳欣岑
業　　務　李再星　陳紫晴　陳美燕　葉晉源
副總編輯　林秀梅
編輯總監　劉麗真
總 經 理　陳逸瑛
發 行 人　涂玉雲

出　　版　麥田出版
104台北市民生東路二段141號5樓
電話：(886)2-2500-7696　傳真：(886)2-2500-1967
發　　行　英屬蓋曼群島商家庭傳媒股份有限公司城邦分公司
104台北市民生東路二段141號11樓
書虫客服服務專線：(886)2-2500-7718、2500-7719
24小時傳真服務：(886)2-2500-1990、2500-1991
服務時間：週一至週五09:30-12:00．13:30-17:00
郵撥帳號：19863813　戶名：書虫股份有限公司
讀者服務信箱E-mail：service@readingclub.com.tw
麥田部落格：http://ryefield.pixnet.net/blog
麥田出版Facebook：https://www.facebook.com/RyeField.Cite/

香港發行所　城邦（香港）出版集團有限公司
香港灣仔駱克道193號東超商業中心1樓
電話：(852) 2508-6231
傳真：(852) 2578-9337

馬新發行所　城邦（馬新）出版集團【Cite(M) Sdn. Bhd.】
41-3, Jalan Radin Anum, Bandar Baru Sri Petaling,
57000 Kuala Lumpur, Malaysia.
電話：(603)9056-3833
傳真：(603)9057-6622
E-mail：cite@cite.com.my

設　　計　犬良品牌設計
攝　　影　張靜
造　　型　Erica詹
髮　　型　小威 aka 剪秋
印　　刷　沐春行銷創意有限公司

初版一刷　2021年8月
初版三刷　2021年9月

定　　價　399元
I S B N　9786263100756
9786263100916（EPUB）

城邦讀書花園
www.cite.com.tw

國家圖書館出版品預行編目資料

面對這世界的惡意,我也會活得毫不客氣!：我是娘娘腔,也是自己親封的皇后娘娘;只要敢想像,我可以是任何模樣。/泰辣Tyla著. -- 初版. -- 臺北市：麥田出版：英屬蓋曼群島商家庭傳媒股份有限公司城邦分公司發行, 2021.08
面；　公分. --（麥田航區；14）
ISBN 978-626-310-075-6（平裝）

1.自我肯定　2.自我實現

177.2　　110011638